Nikola Huppertz

Schön wie die Acht

Der Roman *Schön wie die Acht* wurde mit dem Evangelischen Buchpreis ausgezeichnet und für den Deutschen Jugendliteraturpreis nominiert.

Nikola Huppertz

SCHÖN WIE DIE ACHT

GULLIVER

Ebenfalls lieferbar:
»Schön wie die Acht« im Unterricht
in der Reihe *Lesen – Verstehen – Lernen*
ISBN 978-3-407-82430-1
Beltz Medien-Service; Postfach 10 05 65, 69445 Weinheim
Download: www.beltz.de/lehrer

Der Abdruck von Rose Ausländers Gedicht »Zirkuskind« erfolgt mit freundlicher Genehmigung der Rose Ausländer-Gesellschaft e. V., Köln.
Unser herzlicher Dank gilt auch Klaus Kordon, für die Erlaubnis, sein Gedicht »Einfach alles« zu verwenden.

MIX
Papier aus verantwortungsvollen Quellen
FSC® C089473
FSC www.fsc.org

Klimaneutral
Papier
ClimatePartner.com/13732-1910-1001

Dieses Buch ist erhältlich als:
ISBN 978-3-407-81347-3 Print

Umschlag & Innenillustrationen: Barbara Jung
Herstellung: Klara Groß
Druck und Bindung: Beltz Grafische Betriebe, Bad Langensalza
Beltz Grafische Betriebe ist ein klimaneutrales Unternehmen
(ID 15985-2104-100).
Printed in Germany
1 2 3 4 5 28 27 26 25 24

Weitere Informationen zu unseren Autor:innen und Titeln
finden Sie unter: www.beltz.de

Die Acht ist das Schönste, was ich kenne. Alle Zahlen sind schön, aber die Acht ist perfekt. Man kann sie an zwei Symmetrieachsen spiegeln und sie hat nicht diese ganzen Schwänzchen und Häkchen wie die anderen Zahlen. Außer der Null natürlich, aber bei der Null muss man sich fragen, ob sie überhaupt eine Zahl ist, bei den ganzen Extras, die für sie gelten: dass sie nicht positiv und nicht negativ ist, beim Addieren nichts hinzufügt, beim Malnehmen jede andere Zahl zur Null macht und dass man nicht durch sie teilen kann. Was natürlich alles cool ist, aber mir ist die Acht lieber. Die Acht ist einfach nur eine Acht mit ihren Links- und Rechtskurven und dem Richtungswechsel genau in der Mitte. Und wenn man sie auf die Seite legt, bedeutet sie Unendlichkeit.

Keiner kann sagen, das wär nicht schön.

1

Sie haben mich nicht gefragt, ob ich einverstanden bin. Mama nicht und Papa erst recht nicht, dabei ist es seine Tochter und seine Angelegenheit. Und einfach was dagegen sagen, dass Josefine jetzt bei uns ist, geht ja auch nicht. Wegen ihrer Mutter. Wenn jemand Krebs hatte und operiert worden ist, darf man gegen nichts was sagen. Dann muss man froh und dankbar sein, dass alles gut gegangen ist, die jetzt krebsfreie Mutter einen Platz in der Reha hat und, wenn alles glattgeht, in ein paar Wochen gesund zurück nach Hause kommt.

Versteh ich ja.

Auch, dass Papa sich solange um Josefine kümmern und sie hier zur Schule gehen muss, in meine Schule, genauer gesagt, weil das angeblich am unkompliziertesten ist.

Aber trotzdem mag ich nicht, wie sie an unserem Abendbrottisch sitzt und aussieht, als wollte sie alle umbringen. Und wie Papa sich diese Mörderblicke, die ihr x-fach gepiercte Gesicht unter der schwarzen Hoodie-Kapuze hervorfeuert, auch noch gefallen lässt. Wie er irgendwelche Sachen daherredet, die niemanden interessieren, von der Firma oder seinem letzten Tennistraining, und versucht, so zu tun, als wär es total normal, dass wir neuerdings zu viert sind.

»Malte, reichst du deiner Schwester noch mal den Brotkorb«, sagt er jetzt.

Dabei war vom Brotkorb vorher noch gar nicht die Rede, und sie ist auch nicht meine Schwester, sondern meine *Halbschwester*, das ist ein Unterschied im Verwandtschaftsgrad von hundert Prozent. Mal davon abgesehen, dass ich sie erst zwei- oder dreimal getroffen hab, zuletzt, als ich vielleicht sechs war.

»Wieso *noch mal*?«, frage ich, weil, von so was krieg ich Kopfjucken. Wenn Erwachsene falsche Sachen sagen, obwohl sie es eigentlich besser wissen. »Sie hat doch bis jetzt nur Tomaten gegessen. Und du weißt ja gar nicht, ob sie überhaupt Brot *mag*.«

»Malte!« Papas Stimme klingt plötzlich streng. Selbst Mama guckt mich ganz komisch an, fast, als wollte sie vertuschen, dass wir Josefine eigentlich gar nicht kennen. Und das, obwohl sie sonst immer betont, das Mädchen und seine Mutter, das war vor ihrer Zeit, damit hat sie nichts am Hut.

»Lass gut sein, Kleiner«, sagt meine Halbschwester da und greift quer über den Tisch, aber nicht, um sich was aus dem Brotkorb zu angeln, sondern noch eine Tomate. Die letzte. Sie beißt rein wie in einen Apfel, schlürft Saft und Glibber aus dem Inneren und steht mit dem Rest in der Hand vom Tisch auf. Noch ein Mörderblick in die Runde. Dann verschwindet sie einfach aus der Essecke in unserem Wohnzimmer.

Mama und Papa gucken sich an.

»Merkst du nicht, dass es eine schwierige Situation für Josefine ist, Malte?«, fragt Mama.

»Doch«, sage ich, kaue dabei mein Käsebrot. »Weiß ich. Und ich hätte ihr den Brotkorb ja auch gegeben. Ich hab nur gesagt …«

»Wir haben gehört, was du gesagt hast«, unterbricht Papa mich. Dann seufzt er. »Und? Was macht die Kunst?«

Jetzt greife ich tatsächlich noch mal zum Brotkorb. Das war der erste normale Satz bei diesem Abendessen.

»Montag geht die Vorbereitung für die Landesrunde los«, antworte ich.

»Wie viele sind denn jetzt eigentlich noch im olympischen Boot?« Papa schiebt mir die Butter rüber.

Ich schabe welche ab, schmiere sie auf die Brotscheibe, lege zwei Scheiben Gouda drauf. »Von unserer Schule außer mir niemand mehr. Kolja ist knapp dran vorbeigerutscht. Aber es kommt noch eine von der IGS dazu, weil die da keinen eigenen Matheclub haben.«

»Und die hat es ganz allein so weit geschafft?«, erkundigt sich Mama.

Ich erschrecke. Darüber hab ich noch gar nicht nachgedacht, und, zugegeben, einen Moment lang stresst es mich. Aber dann fällt mir ein, dass ich mir das Allermeiste auch selbst beibringe und der Zerhusen mir nur hilft, wenn ich ihn darum bitte. Weil das nämlich tausendmal mehr bringt. Und das sage ich Mama und Papa auch.

»Wie auch immer«, erwidert Papa. »Dann wird's ja jetzt spannend.«

Im selben Moment hämmert unter uns im Hobbykeller, wo Josefine einquartiert ist, laute Musik los.

Ich setze mich an meinen Schreibtisch, ziehe das Übungsblatt aus der Mappe, lese zum weiß nicht wievielten Mal die letzte Aufgabe. Die anderen hab ich alle gelöst, sowohl Mengenlehre als auch Algebra, ziemlich schnell sogar, bloß diese eine mit der Sinusfunktion hat es echt in sich.

Phasenverschiebung.

Amplitudengröße.

Intervalle.

Davon hab ich bis jetzt nur so eine ungefähre Vorstellung.

»Aber ich krieg dich schon noch!«, sage ich und hole das Mathelexikon aus der Schublade.

Meine Kunst. So hat Papa es schon genannt, als ich in der Kita mit Bauklötzen Einmaleinsaufgaben gelegt hab und die Erzieherinnen sich bei Mama und ihm beschwert haben, weil sie dachten, ich würde zu Hause gedrillt.

Als wäre was dabei: Vier Würfel, vier Zylinder, vier Quader. Ergeben, tadaaa!, einszwodreivierfünfsechssiebenachtneunzehnelfzwölf.

Papa hat versichert, dass ich das nicht von ihm hab, Zahlen und Rechnen und so, sondern dass er sich damit immer irgendwie durchgemogelt hat. Von Mama hab ich es auch nicht, die hat es ja mehr mit Sprachen, während ich damals angeblich noch keinen richtigen Satz auf die Reihe gekriegt hab. Als die Erzieherinnen das gehört haben, mussten sie einsehen, dass ich die Bauklotzsache ganz von selbst gemacht hab.

Ich schlage das Lexikon auf, irgendwo, und schnuppere ein bisschen an den Seiten. Vielleicht ist es ja gar nicht so wichtig zu wissen, wo was herkommt. Viel wichtiger ist, dass man es eben hat. Weil es natürlich Spaß macht, also Mathe, auch wenn die meisten Leute es komisch finden, dass jemand sich freiwillig damit abgibt. Zum Beispiel mit der schwierigen Aufgabe, an der ich schon seit Tagen rumtüftle. Obwohl ich Sinus und Kosinus bis dahin noch gar nicht hatte. Nicht im Matheclub und im Unterricht sowieso nicht. Aber ich hab mich da jetzt reingelesen, in die ganze Sache mit dem Einheitskreis, dem Winkel- und Bogenmaß, den Seitenverhältnissen und den dazugehörigen Funktionen, und ich will die Aufgabe unbedingt bis morgen knacken. *Bevor* der Zerhusen sie mir erklären kann. Erst recht, wenn die IGSlerin dazukommt, die sich bis jetzt alles selbst beibringen musste. Ich meine, wär ja noch schöner, wenn sie das Übungsblatt dann allein hinbekommen hätte und ich nicht! Schließlich hab ich noch immer alles gelöst. Weil Mathe nämlich logisch ist, und logische Dinge kriegt man früher oder später raus. Aus A folgt B und so weiter. Man muss nur den Weg kapieren, Schritt für Schritt, dann zeigt sich das Ergebnis ganz automatisch. Wie eigentlich bei allem, solange man nur geordnet darüber nachdenkt. Und dann, plötzlich, versteht man es.

Jedenfalls brauche ich jetzt nur noch rauszufinden, welcher Wert in der Sinusfunktion zu welcher Verschiebung führt: nach links, rechts, oben, unten. Dann hab ich's.

Vorausgesetzt, Josefine stellt ihre Musik endlich mal leiser. Weil, so kann ja kein Mensch überlegen.

»Du bist so ’n kleiner Verwöhnter, oder?« Meine Halbschwester legt den Kopf zur Seite und guckt mich von oben bis unten an. »*Könntest du bitte ’n bisschen leiser drehen, ich löse gerade ein mathematisches Problem!* Echt, ey! Haust du öfter so was raus?«

Ich weiß nicht, was ich sagen soll, also stehe ich bloß blöde auf den kühlen Kellerfliesen rum und schweige. Immerhin hat sie den Laptop zugeklappt und die Anlage neben der Schlafcouch ausgeschaltet. Aber jetzt einfach abhauen geht irgendwie nicht. Bei dem Blick unter dem doppelten Augenbrauenpiercing.

»Wie alt bist du noch mal?«, fragt sie weiter.

»Zwölf«, antworte ich. Und füge schnell hinzu: »In zwei Monaten dreizehn.«

Josefine grinst, schief und ein bisschen fies. »Soso, in zwei Monaten dreizehn. Da hat unser Vater dich also gezeugt, als ich ... warte mal ... drei Jahre und fünf Monate alt war. Ich kann nämlich auch ein bisschen rechnen.« Sie steht von der Couch auf, guckt sich kurz im Hobbykeller um, tappt zur Fitnessecke, nimmt sich zwei Hanteln. Von den mittelgroßen, wohlgemerkt, bei denen ich es schon anstrengend finde, sie festzuhalten, und es ist mir fast unheimlich, als sie so mir nichts, dir nichts anfängt, Bizepscurls zu machen. »Worum geht’s denn?«, fragt sie irgendwann und klebt ihren Blick wieder an mir fest.

Es dauert einen Moment, bis ich kapiere, wovon sie redet.

»Um die Sinusfunktion«, sage ich. »Phasenverschiebung und so was.«

»Ach das«, erwidert sie. Nicht mehr und nicht weniger, und ich weiß nicht, ob es an den Gewichten liegt, die sie allmählich aus der Puste bringen, oder ob das Thema für sie schon durch ist. Also gucke ich zu, wie ihre Curls immer langsamer werden, sich ihr Gesicht von Wiederholung zu Wiederholung stärker verzieht, und schiebe sicherheitshalber nach: »Wegen der Matheolympiade. Ich mach da mit. Bald ist Landesrunde, da entscheidet sich, wer zu *Jugend trainiert Mathematik* darf.«

»Aha«, keucht sie, legt die Hanteln zurück und schüttelt die Arme aus. »Und was machst du sonst noch so in deinem Leben? Wenn du nicht gerade mathematischen Problemen hinterherläufst?«

Das ärgert mich. Nicht, weil ich sonst nichts mache, sondern weil es klingt, als wär Mathe nichts *Richtiges*. Also sage ich: »Jedenfalls hänge ich nicht mit dem Laptop auf dem Bett rum und nerve alle mit meiner Musik.«

Josefine zieht eine Augenbraue hoch. »Nicht schlecht, Kleiner!«, sagt sie, tappt zurück durch den Kellerraum und lässt sich wieder auf die Schlafcouch fallen.

»Und ich bin auch kein *kleiner Verwöhnter.*«

Sie grinst ihr schiefes Grinsen. »Na, dann ist ja gut.«

Plötzlich stehe ich wieder bloß blöde da und weiß nicht, was ich sagen soll. Aber wenigstens lasse ich mich nicht länger von ihrem Blick festtackern. Ich drehe mich einfach um und gehe. Als ich in der Tür noch mal kurz zurückgucke, hat sie ihren Laptop wieder aufgeklappt. Und streckt den Arm zur Anlage aus.

2

Erst nachdem Papa den Motor ausgestellt hat, kriege ich die Zähne auseinander. Die ganze Fahrt über hab ich überlegt, wie ich es sagen soll, hab ihm und Josefine von der Rückbank aus Löcher in die Hinterköpfe geglotzt, während Papa versucht hat, mit ihr Smalltalk zu machen, und sie nur eisig zurückgeschwiegen hat. Aber mir ist nichts Brauchbares eingefallen. Jetzt allerdings ist da draußen meine Schule, da sind Leute, *meine* Leute, und plötzlich schießt es ganz von selbst aus mir raus: »Wir gehen aber nicht zusammen!«

Papa dreht sich auf dem Fahrersitz zu mir um, sein Gesicht ein Fragezeichen.

»Wundern sich wahrscheinlich eh schon alle, warum ich nicht im Bus war«, erkläre ich, schnalle mich schnell ab, nehme meinen Rucksack vom Sitz neben mir. Aber Papa zu bitten, mich rauszulassen und selbst noch ein bisschen zu warten, traue ich mich nicht, denn das Fragezeichen ist immer noch da und hat auch noch eine Runzelstirn bekommen.

»Na und?«, sagt Papa. »Wenn sie sehen, dass du heute gebracht worden bist, wundern sie sich nicht mehr. Ist doch praktisch!«

Nun wird es doch kompliziert. Hätten wir bloß hinten im Auto Türen, dann könnte ich einfach gehen. Stattdessen muss ich ihm irgendwie klarmachen, dass ich nichts mit seinem Besuch bei der Eckert zu tun haben will: *Ah, die Familie Ripken!* Dass es nicht meine Sache ist, wenn er Josefine ins Direktorat schleppt, obwohl sie beim Aufbruch so aussah, als wollte sie dort sofort Randale machen. Und überhaupt, dass es nicht meine Entscheidung war, meine Halbschwester in meine Schule zu stecken, ob sie da nun reinpasst oder nicht.

Wo sie sogar schon zum zweiten Mal in die Zehnte geht!

Josefines Entscheidung war es übrigens auch nicht, sie ist genauso wenig gefragt worden wie ich. Vielleicht hätte sie selbst ja auch was anderes passender gefunden, aber das interessiert Papa offenbar nicht. Der meint nur, wo das eine Kind hingeht, kann auch das andere hin.

Ich meine, Papa hat echt was auf dem Kasten, und auch, wenn er kein Mathemensch ist, kann er logisch denken. Aber in dem Punkt setzt irgendwas bei ihm aus. Und er scheint auch nicht zu kapieren, dass die Sache mit dem Nicht-im-Bus-gewesen-Sein noch das geringste

Problem ist, das ich heute in dieser Schule haben werde. Es sei denn, er lässt mich jetzt endlich abhauen.

»Ich hab's eilig«, sage ich und drücke meine Knie in seine Rückenlehne. »Wir haben Erste, Zweite Erdkunde beim Frings, da darf man nicht zu spät kommen.«

»Es ist zehn vor acht!«, erwidert Papa und das Fragezeichen auf seinem Gesicht verwandelt sich in ein Ausrufezeichen. »Wir können in aller Ruhe zusammen gehen.«

»Hör mal, Christian«, sagt Josefine da – *Christian*, nicht *Papa!* –, schiebt sich einen Streifen Kaugummi in den Mund, und ich sehe im Rückspiegel, wie sie ihn mit der gepiercten Zunge faltet und sich in die Backe schiebt, »du merkst doch wohl, dass es Malte peinlich ist, mit mir zusammen gesehen zu werden.«

Und das ist ja wohl das Unangenehmste der Welt, vor allem, weil Papa immer noch guckt und wahrscheinlich sieht, dass ich rot werde, und weil er dann auch noch fragt: »Ist es dir peinlich, mit deiner Schwester zusammen gesehen zu werden? Oder mit mir?«

»Quatsch«, murmle ich. »So meinte ich das nicht.«

»Na, dann.« Papa zieht den Zündschlüssel ab und steigt endlich aus dem Auto. »Auf geht's!«

Seine Stimme klingt, als wäre die Sache für ihn erledigt. Er klappt die Lehne um, lässt mich aus dem Auto krabbeln, und was bleibt mir da anderes übrig, als hinter ihm herzulatschen – neben mir meine Halbschwester, die jetzt plötzlich vor sich hin grinst und ihren Kaugummi kaut und auch nicht den Anschein erweckt, als hätte sie vor, ihn bei der Eckert rauszunehmen. Überhaupt sieht sie nicht aus wie an einem ersten Tag an einer neuen Schule, an dem man einen guten Eindruck machen will. Im Gegenteil, sie wirkt eher so, als wollte sie einen ganz anderen Eindruck machen mit diesem fetten Loch im Hoodie, ohne Winterjacke, obwohl es höchstens sechs, sieben Grad sind, und den Haaren, die so verwuschelt unter der Kapuze hervorgucken, als wäre sie gerade erst aus dem Bett gekippt – was sie natürlich nicht ist. Sie war schon richtig früh wach und hat im Keller rumgelärmt und sich, wenn man mich fragt, sorgfältig gestylt, aber es fragt mich ja keiner. Bloß gucken tun alle, als wir über den Hof zum Schulgebäude gehen. Wer da Neues kommt und wer Nicht-Neues und dass Papa dabei ist, und vermutlich gehen dann auch schon die Spekulationen los: Woher dieses Mädchen plötzlich kommt und was ich mit der zu tun habe und wie das familientechnisch zusammenhängt.

Ein paar Leute aus meiner Klasse sehen uns auch, und Kolja, der da in seinen runtergelatschten Sneakers rumsteht, zusammen mit anderen aus der Zehnten, und als ich ihn im Vorbeigehen grüße, fällt mir glühheiß ein, dass Josefine ja vielleicht in seine Klasse kommt.

Der Frings lässt uns einen unangekündigten Test schreiben, *Hausaufgabenkontrolle*, wie er das nennt, weil wir zu jeder Stunde vorbereitet erscheinen sollen, egal, ob er es extra sagt oder nicht. Jedenfalls müssen wir Fragen zur extensiven Weidewirtschaft beantworten, Rentierhaltung in Lappland und dergleichen, und als die erste Pause beginnt, vergleichen die meisten erst mal ihre Antworten: Überweidung der Tundra, Verbiss der Jungbäume. Aber kaum sind die Brotdosen ausgepackt und alle auf dem Gang, kommt, was kommen muss.

»Wer war das heute Morgen mit dir und deinem Vater?«, fragt Mats, und Philipp schließt gleich auf, um mitzuhören.

Ich hab keine Lust zu antworten. Mats und Philipp sind nicht meine Freunde, was geht sie da so was an. Allerdings komme ich mit Schweigen nicht weit, jetzt geht einer rechts neben mir, einer links, und sie lassen nicht locker.

»Die sah irgendwie schräg aus«, sagt Philipp.

Mats nickt, und beide gucken so, als wäre ich ihnen nun aber wirklich eine Erklärung schuldig.

»Ach, nur meine Halbschwester«, erwidere ich, als wir auf dem Schulhof ankommen, weil, ganz verderben darf ich es mir mit Mats und Philipp auch nicht. Sie sind zwar nicht meine Freunde, aber wir stehen in den Pausen meistens zusammen rum, und das ist auch nicht ganz unwichtig.

»Wusste ich ja gar nicht!«, ruft Mats. »Dass du eine hast.«

»Doch, hab ich.« Ich zucke mit den Achseln, als wäre es das Normalste der Welt und nicht weiter erwähnenswert. Aber jetzt sind sie neugierig.

»Wie alt ist die?«

Und: »Wohnt die neuerdings bei euch?«

Und: »Sind die Piercings echt?«

Und: »Hat die auch Tattoos?«

Und: »Wer ist denn ihre Mutter?«

Nervig. Vor allem, weil Kolja gerade aus der Eingangshalle kommt und direkt auf mich zusteuert. Da fallen mir ganz andere Sachen zum Unterhalten ein, Mathesachen vor allem.

Kolja ist mein Freund, aber wir stehen in der Pause fast nie zusammen rum. Wenn einer in der Zehnten ist, stellt er sich nicht zu einem Siebtklässler, ist ja klar. Das geht einfach nicht und ich bin deswegen echt nicht sauer auf Kolja. Aber ich freu mich ziemlich, wenn er dann doch mal ankommt, es sind mit Abstand die besten Pausen. Letztes Mal haben wir uns über Fraktale unterhalten, diese selbstähnlichen Gebilde, und deswegen würge ich das Mats-und-Philipp-Gespräch jetzt auch mit einem knappen »Erzähl ich euch nachher!« ab, mache zwei Schritte von ihnen weg und auf Kolja zu.

Aber ich hätte es wissen müssen: Er fragt nach Josefine.

Nein, nicht Schwester, sondern Halbschwester.

Nein, nicht für immer, sondern nur für ein paar Wochen.

Mutter, Krebs, Reha.

Immerhin ist sie nicht in seiner Klasse, sondern in der C, aber in der ersten Doppelstunde hatten sie wohl Werte und Normen, da ist alles gemixt.

»Sie hat den gesamten Unterricht lahmgelegt«, sagt Kolja, und ich kann quasi hören, wie Mats und Philipp hinter meinem Rücken den Atem anhalten. »Die Eckert hat sie um zwanzig nach acht reingebracht und dann ging gar nichts mehr.«

»Äh, wieso?«, frage ich vorsichtig.

Kolja grinst, stößt sogar einen kleinen Lacher aus. »Och, eigentlich hat sie sich nur am Unterricht beteiligt. Aber frag mich mal, wie! Sie hat wohl ihre ganz eigenen *Werte und Normen.*«

Mir wird es mulmig. »Worum ging es denn?«

»Grob gesagt um Gleichberechtigung. Zumindest am Anfang.«

»Und dann?«

»Um alles, würde ich mal sagen. Abtreibung. Bienensterben. Klimaschutz. Emotionalen Missbrauch. Kopftücher. Funktionellen Analphabetismus. Versammlungsfreiheit. Willst du noch mehr hören?«

»Nee, lieber nicht«, murmle ich.

Kolja grinst wieder. »Aber cool ist sie ja. Irgendwie.«

Wir schweigen eine Weile. Dann, plötzlich, boxt er mir gegen die Schulter, verkündet: »Wir sehen uns im Matheclub«, dreht sich um und verschwindet wieder zu seinen Zehntklässlern.

Und diese letzte Bemerkung ist bis jetzt die beste, die heute jemand gemacht hat. Die einzig gute, genauer gesagt.

Nach der Mittagspause ist es dann so weit. Der Zerhusen lässt uns warten, vermutlich wegen der IGSlerin, die er noch in Empfang nehmen muss, aber der Raum ist offen und wir setzen uns schon. Viele sind wir in diesem Schuljahr nicht im Matheclub, Kolja aus der Zehnten, Pia aus der Neunten, Gregor, Chen und Leonie aus der Achten und dann noch ich. Eigentlich ist der Club ja erst ab Jahrgang 8, aber ich durfte ausnahmsweise schon in der Fünften mitmachen, und abgesehen von Kolja bin ich auch der einzige, der da echt was will. Matheolympiade und so was.

Und jetzt also auch die Neue. Ich stütze den Kopf in die Hand und linse zur Tür, während Kolja meine Aufgabe zur Sinusfunktion durchguckt.

»Soweit ich's erkennen kann, ist alles richtig«, sagt er. »Aber sauschwer, das Teil. Hast du's ganz ohne Hilfe rausgekriegt?«

»Mhm«, mache ich und versuche mir nicht anmerken zu lassen, wie sehr ich mich freue. Nicht nur wegen der Aufgabe, sondern auch, weil er endlich über normale Dinge mit mir redet, über seine und meine Dinge. »Hat aber gedauert.«

»Trotzdem der Hammer.« Kolja schiebt mir das Übungsblatt zurück. »Das wird was in der Landesrunde.«

»Meinst du?«

»Aber hallo!«

Wir quatschen noch ein wenig, hierüber und darüber und kein bisschen über Josefine, und dann steht auf einmal der Zerhusen mit einem schwarzhaarigen Mädchen im Raum, Lale Erdem, wie er sagt. Und wiederholt noch mal alles, was wir schon wissen: Dass sie von der IGS ist, wie ich in die Siebte geht, zur Vorbereitung auf die Landesrunde bei uns mitmacht. Dann bittet er Kolja, sich zu

Gregor zu setzen, damit Lale und ich zusammenarbeiten können, und zack, sitzt sie auch schon neben mir.

»Hallo, du bist also Malte«, sagt sie und lächelt mich breit an. Die Brackets an ihren Zähnen blitzen dabei genauso wie ihre dunklen Augen. »Ich hab gehört, du sollst richtig gut sein.«

Mein Gesicht wird heiß und in meinem Kopf gerät irgendwas durcheinander. Mir geht das zu schnell. Ich meine, ich wusste ja, dass das alles heute passieren würde, aber trotzdem. Wenn etwas plötzlich Wirklichkeit wird, ist es ganz anders, als man es sich vorgestellt hat. Vielleicht hab ich mir auch gar nichts vorgestellt, weiß nicht so genau, jedenfalls nicht die IGSlerin selbst, als richtige Person, oder dass sie mich einfach anquatschen und dabei so nett lächeln würde, und ich hab keine Ahnung, was ich sagen soll.

»Ich war voll überrascht, dass ich weitergekommen bin«, redet sie einfach weiter. »Eigentlich spiele ich ja Volleyball und hab die Olympiade nur so nebenbei mitgemacht.«

Das wurmt mich. Weil, die Matheolympiade ist normalerweise nichts für *nebenbei*, da reicht es nicht, wenn man ganz gut rechnen kann, sondern man muss richtig Ahnung haben. Und ich finde, das sollte diese Lale ruhig wissen, Nettigkeit hin oder her.

»In der Landesrunde kommt man damit nicht weit«, sage ich. »Da muss man schon ein bisschen ranklotzen, wenn man was erreichen will.«

»Deswegen bin ich ja hier«, gibt sie prompt zurück.

Was mich nun auch wieder wurmt. Denn wenn eine, die *nur so nebenbei* weitergekommen ist, richtig loslegt, kann da unter Umständen ganz schön viel bei rauskommen.

»Keine Sorge!«, sagt sie da und lächelt wieder von einem Ohr zum anderen. »Du bist bestimmt tausendmal besser als ich«, und im nächsten Moment kommt der Zerhusen zu uns und legt uns zwei Zettel auf den Tisch, und das bedeutet, dass ich erst mal nichts mehr sagen muss.

Die Zahlen kommen ja zum Glück ganz ohne das ganze Gerede aus. Die Zahlen brauchen nur sich selbst.

3

Als ich nach Hause komme, merke ich sofort, dass dicke Luft ist. Wie Mama die Tür aufreißt. Und ihr Gesicht – mit dieser steilen Falte zwischen den Augenbrauen. Papa ist um diese Zeit noch nicht von der Arbeit zurück, also muss irgendwas zwischen ihr und Josefine vorgefallen sein.

»Ich bin noch am übersetzen«, sagt sie, kaum dass ich einen Fuß im Haus hab. »Also sei bitte leise, okay?!« Ihre Stimme klingt scharf, und erst, als sie schon wieder halb in ihrem Arbeitszimmer verschwunden ist, kommt versöhnlich hinterher: »Hattest du einen guten Schultag?«

»Joah«, antworte ich unbestimmt, und es ist wohl auch schnuppe, was ich sage, weil Mama wahrscheinlich sowieso nicht zuhört.

»Schön«, sagt sie auch nur, »erzähl mir nachher davon«, und zieht die Zimmertür hinter sich zu.

Alles in allem ist das nicht gerade das, was ich gewöhnt bin. Wenn ich wegen des Matheclubs lange Schule hatte, hört sie normalerweise auf mit ihrer Arbeit oder macht zumindest eine Pause, und meistens setzen wir uns dann zusammen, trinken Kakao und unterhalten uns. Über den Matheclub und darüber, was ich sonst noch alles erlebt hab. Doch im Moment ist ja alles ungewöhnlich, und ich möchte nun wirklich wissen, was hier heute Nachmittag los war. Also stelle ich meinen Rucksack ab und gehe in den Keller runter. Hinter der Tür zu Josefines Zimmer ist es still, aber ich weiß genau, dass sie da ist.

»Josefine?«

Sie antwortet nicht. Trotzdem drücke ich die Klinke runter.

»Was willst du?«, blafft sie mir entgegen. Wieder sitzt sie auf der Schlafcouch und wieder hat sie ihren Laptop auf dem Schoß. Und nicht nur Mamas, sondern auch ihr Gesicht ist zerknautscht, die müssen echt aneinandergeraten sein.

»Hast du meine Mutter bei der Arbeit gestört?«, frage ich einfach zurück. Weil, dazu hab ich keine Lust. Dass andere sich streiten und *mich* dann anmotzen.

»Die stellt sich vielleicht an!« Josefine knallt den Laptopdeckel runter.

»Wenn sie übersetzt, kann sie laute Musik nicht leiden«, erkläre ich. »Oder den Fernseher oder so. Da muss sie sich konzentrieren können.«

»Hab ich Musik gehört?«, faucht Josefine. »Hab ich ferngesehen? Ich hab *trainiert*!« Sie deutet auf Papas Langhantel, auf die die großen Scheiben gesteckt sind – die ganz großen. »Kreuzheben. Und nur weil die Hantel beim Absetzen nun mal scheppert, kommt die an und heult rum. *Das ist leider ungünstig um diese Zeit, mimimi …*«

»Oh«, sage ich, denn das ist vielleicht wirklich etwas pingelig von Mama. So ein bisschen Geklirr, ganz ohne Worte, die sie von ihrem Text ablenken könnten. Da hat sie bestimmt noch was anderes gestört als bloß das Geräusch. Ich muss an *das Mädchen und seine Mutter* denken, mit denen Mama nichts am Hut hat, wenn sie nicht gerade so tut als ob, so wie gestern, beim Abendessen, und da tut mir Josefine fast leid. Es ist bestimmt nicht lustig, bei jemandem zu wohnen, der gar nichts mit einem zu tun haben will. Selbst, wenn der Jemand offiziell was anderes sagt.

»Find ich auch übertrieben, dass sie wegen so was Stress macht«, füge ich hinzu.

Aber da sagt Josefine: »Diese Bitch!«, und ich bin wieder ganz auf Mamas Seite.

»Meine Mutter ist keine Bitch!«

»So?« Josefine verzieht den Mund. »Weißt du überhaupt, was das ist, ’ne Bitch?«

Ich spüre, wie mein Kopf heiß wird. »Ja, aber was hat das mit meiner Mutter zu tun?«

»Kannst ja mal drüber nachdenken«, sagt Josefine. »Vielleicht fällt's dir dann ein!« Dann klappt sie ihren Laptop wieder auf, guckt auf den Monitor, tippt irgendwas auf der Tastatur.

Mein Herz pocht, durch meinen Kopf schießen tausend Gedanken, aber ich kann keinen von ihnen festhalten.

»Is' noch was?«, fragt Josefine. »Wenn nicht, hätte ich nämlich gern 'n bisschen Ruhe.«

Ich hab keine Ahnung, was sie da macht, Hausaufgaben (wohl eher nicht) oder Surfen oder ein Game, aber so wichtig, dass sie mich Knall auf Fall rausschmeißt, kann es jedenfalls nicht sein. Und gehen mag ich so nicht. Nicht, ohne die Sache aus der Welt geschafft zu haben. Das hasse ich nämlich, wenn etwas ungeklärt ist.

»Meine Mutter hat niemandem was getan«, sage ich darum. »Die kann auch nichts dafür, dass deine Mutter krank geworden ist und in Reha musste und du jetzt hier bist. Die hat mit euch überhaupt nichts zu tun. Das hatte sie noch nie!«

Josefine tippt.

»Ich find's außerdem doof, wenn ihr euch streitet und ich alles abkriege.«

Jetzt schielt sie hoch.

»Ich muss mich auch auf meinen Kram konzentrieren können«, sage ich und ziehe die Nase hoch. »Auf Mathe und so.«

Josefine verzieht mitleidig das Gesicht. »Mimimi«, macht sie und da gehe ich doch. Auch wenn nichts aus der Welt geschafft ist. Und zwischen all den Gedanken, die durch meinen Kopf wimmeln, hallt es: *Kannst ja mal drüber nachdenken.*

Beim Abendessen haben sich alle wieder eingekriegt. Kann sein, dass es an Papas Vortrag über die Windenergieproduktion seiner Firma liegt, durch den sonst niemand zu Wort kommt, oder daran, dass ich mich erfolgreich beschwert hab. Jedenfalls schiebt Josefine einigermaßen friedlich den Kartoffelauflauf in sich hinein, und Mama lächelt schuldbewusst und fragt mich, als Papa endlich mal Luft holt und ein paar Happen isst, nach dem Matheclub.

»War ganz gut«, sage ich. »Der Zerhusen hat Lale und mir den Tangens und Kotangens erklärt.«

»Ach ja!«, ruft Mama. »Da war ja heute das neue Mädchen. Und?«

»Was, und?«

»Ist sie gut?«

»Ja, ziemlich«, gebe ich zu. »Sie ist ganz schön schnell bei den Aufgaben.«

Josefine blickt von ihrem Teller auf und betrachtet mich prüfend. »Und sonst so?«

Ich hab keine Ahnung, was sie von mir hören will.

»Sieht sie gut aus?«, fragt sie nach.

Um ein Haar verschlucke ich mich, nuschele: »Keine Ahnung«, weil, das spielt ja wohl echt keine Rolle, wie Lale aussieht. Obwohl ich sie jetzt natürlich haargenau vor mir sehe mit ihren langen schwarzen Haaren und diesen blitzenden Augen. »Wir bereiten uns zusammen auf die Landesrunde vor«, sage ich ärgerlich.

»Deswegen kann sie ja trotzdem gut aussehen.« Josefine grinst mich an, als hätte sie mich bei etwas ertappt. »Gib's zu, sie gefällt dir!«

Ich weiß nicht, wo ich hingucken soll.

»Josefine!«, sagt Papa da. »Malte ist zwölf.«

»*In zwei Monaten dreizehn.*« Meine Halbschwester grinst noch doller.

Im selben Moment klingelt im Flur das Telefon. »Ich gehe«, stoße ich im Aufspringen hervor. Und als ich den Apparat von der Ladestation nehme, sehe ich schon auf dem Display, dass es Kolja ist.

»Na?« Ich laufe die Treppe hoch und verdrücke mich in mein Zimmer. »Was gibt's?«

Besonders oft telefonieren Kolja und ich nämlich nicht miteinander. Normalerweise schreiben wir uns über WhatsApp, aber auch nur, wenn was los ist. Da ist es schon was Besonderes, dass er einfach so anruft. Und dann auch noch übers Festnetz.

»Ich wollte nur mal hören«, sagt er. »Wir haben nach Mathe ja gar nicht mehr geredet.«

Auch das überrascht mich, aber gut ist es natürlich trotzdem, und ich lasse mich auf mein Bett fallen, erzähle ihm vom Tangens und Kotangens und dass der Zerhusen für Lale und mich in den nächsten Wochen eine Art Crashprogramm durch alle wichtigen Themenfelder durchführen möchte. Damit wir sofort einordnen können, in welche Richtung eine Aufgabe geht.

Kolja fragt ein bisschen nach, aber nicht so, dass man den Eindruck bekommt, das wollte er so dringend wissen, dass er extra noch angerufen hat, und auf einmal haut er raus: »Und deine Schwester? Hat die irgendwas erzählt? Wie sie's in unserer Schule fand und so?«

Noch während er es sagt, fällt es mir wie Schuppen von den Augen, und ich kralle die Finger der freien Hand ins Kissen. Josefine. Schon wieder. Da ist es auch kein Wunder, dass Kolja mich nicht auf dem Handy angerufen hat, sondern auf dem Festnetz. Womöglich hat er sogar gehofft, *sie* würde drangehen.

»Soll ich sie dir vielleicht geben?«, kontere ich ziemlich patzig. »Dann kannst du sie selbst fragen.«

»Ey, nee!« Er klingt erschrocken. »Ich kenn sie doch gar nicht.«

»Dafür redest du aber ganz schön viel von ihr.«

Einen Moment schweigen wir, und in demselben Moment wird mir klar, dass Josefine *nichts* von der Schule erzählt hat. Was natürlich auch daran liegen kann, dass sich keiner danach erkundigt hat, jedenfalls nicht in meiner Anwesenheit.

»Ich weiß auch nix«, murmle ich. »Aber ich glaub, die geht nicht so gern in die Schule.«

»Kannst sie ja mal von mir grüßen«, sagt Kolja. Und setzt nach: »Wenn du magst.«

»Mhm«, mache ich vage.

»Gut, dann ... sehen wir uns.«

»Ja«, sage ich, »bis dann«, und warte, dass Kolja als Erster auflegt. Danach kneife ich noch mal fest ins Kissen, drücke die Beenden-Taste und stehe vom Bett auf, um zurück zum Abendessen zu gehen.

Vielleicht sitzt Josefine ja noch am Tisch und ich kann sie nach der Schule fragen. Vorausgesetzt, Papa hat nicht wieder mit seiner Firma angefangen. Aber das mit Koljas Grüßen weiß ich noch nicht. Das muss ich mir erst überlegen.

Wenn man nicht schlafen kann, soll man nicht rumliegen und sich verrückt machen, sondern lieber was tun, bis man richtig müde wird. Darum stehe ich einfach aus dem Bett auf und ziehe die große Legoschublade auf.

Normalerweise baue ich ja nicht mehr Lego, nur ganz selten mal Lego Technic, aber was anderes fällt mir gerade nicht ein, denn zu anspruchsvoll soll das, was man statt des Rumliegens macht, natürlich nicht sein. Wie Matheaufgaben zum Beispiel. Sonst wird man nur noch wacher.

Also nehme ich eine Grundplatte und Steine und fang einfach an, ohne Anleitung und ohne zu wissen, was ich überhaupt bauen will. Ist auch egal, schließlich geht es bloß darum, müde zu werden. Und endlich diese Gedanken aus dem Kopf zu kriegen.

Kannst ja mal drüber nachdenken. Na spitze! Es dreht sich dabei alles im Kreis statt dass irgendwas rauskommt, und bescheuerte Gedanken sind es außerdem. Richtige Nachtgedanken.

Ich betrachte die Grundmauer, die ich hochziehe, mit einer Öffnung auf der einen Seite und einer rechteckigen Ausbuchtung auf der anderen, versuche mich ganz aufs Bauen zu konzentrieren, aber irgendwie bringt das nichts. Aus dem Kopf kriege ich gar nichts.

Mama, diese *Bitch*. Das hat Josefine nicht nur so gesagt, ich meine, wie man eben ein Schimpfwort sagt, wenn man sauer auf jemanden ist. Sie hat das ernst gemeint, im Wortsinn. Aber Mama ist keine Bitch. Mama ist eine verheiratete Frau – im Gegensatz zu Josefines Mutter, mit der auch Papa einfach nur so zusammen war, ohne Hochzeit. Und nur dass das klar ist, diese Melanie war vor Mamas Zeit, das hab ich oft genug zu hören gekriegt. Papa und sie haben sich getrennt, als Josefine klein war, und später hatte Papa dann eben Mama. Das war sein gutes Recht und Mamas sowieso, weil sie nämlich vorher niemanden hatte, sondern allein gelebt hat. Da muss Josefine gar nicht so tun, als wäre sie eine ... also *so* eine.

Ärgerlich drücke ich Stein auf Stein, Stein auf Stein und schiebe den Gedanken mit aller Macht zur Seite. Aber dahin, wo sein Platz frei wird, rückt sofort der nächste.

Die Sache mit Lale. *Gib's zu, sie gefällt dir!* Haha. Daran erkennt man ja, dass Josefine einfach irgendwelche Dinge daherredet. Als würde ich eine sofort toll finden, nur weil ich mit ihr zusammen Mathe mache. Natürlich *sieht* sie gut aus, also Lale, aber das heißt ja wohl gar nichts. Viele Leute sehen gut aus und sind nett und schlau und was weiß ich, aber deswegen müssen sie einem noch lange nicht gefallen. Also, auf diese Weise gefallen, die Josefine meint oder Papa, wenn er sagt, dass ich erst zwölf bin, oder vielleicht auch Kolja, wenn er komische Anrufe macht und Josefine grüßen lässt. Außerdem wär ich ja schön blöd, wenn ich ausgerechnet Lale gut fände. Lale, die bei der Landesrunde gegen mich antritt! Das wär genauso bescheuert, wie wenn Kolja meine Halbschwester gefallen würde. Mindestens.

Ich krame in der Schublade und suche nach mehr Steinen, den stinknormalen Achtern und Vierern und Sechzehnern, die noch aus Mamas Kindheit stammen und die sie mir vererbt hat, als ich ein Kleinkind war. Weil das Teil, das ich da baue, nämlich ein Haus wird, ein langweiliges, babyhaftes Haus, genauso eins wie die Häuser, die ich ganz früher gebaut hab, noch bevor ich angefangen hab, mir Star Wars-Modelle und Ninjago zu wünschen und später dann Lego Technic. Und es ist ganz okay, so was Einfaches zu bauen, weil sich meine Finger genau erinnern und ich mich dadurch wieder ein bisschen fühle wie damals, als ich klein war. Aber gleichzeitig ist es auch ganz anders, weil der Rest nicht zu dem Kleinkindgefühl in den Fingern passt. Vor allem diese blöden Nachtgedanken, gegen die auch kein Aufstehen, kein Was-Machen und Auf-die-Müdigkeit-Warten helfen.

Kannst ja mal drüber nachdenken.

Mimimi.

Lale.

Kolja.

Bitch.

Und plötzlich komme ich mir total doof vor mit diesem Babyhaus. Wie peinlich wär das denn, wenn es jemand sehen würde, womöglich Josefine. Und dann in der Schule rumerzählen würde, was ich so mache, wenn ich abends in meinem Zimmer hocke. Eilig reiße ich die Mauern ein und schiebe die Platte in die Schublade zurück. Legobauen ist einfach nichts mehr für mich. Lieber leg ich mich wieder hin und schlaf einfach irgendwann ein, Gedanken hin oder her. Und morgen, da ist es vielleicht anders als in den letzten Tagen. Nicht so wie ganz früher, klar, aber ein kleines bisschen mehr, wie ich es gewöhnt bin. Das wär echt gut. Denn Gewohnheiten mag ich. Gewohnheiten sind wie Mathematik. Beide funktionieren immer, immer gleich.

4

Eine Doppelstunde Deutsch zu haben, ist schon mal die eine Sache. Eine Doppelstunde Deutsch zu haben, wenn man zu wenig geschlafen hat, noch eine andere. Vor allem, wenn es draußen gar nicht richtig hell werden will, weil die ganze Welt in einen fiesen Nieselregen gehüllt ist. Und wenn die Ullrich dann auch noch über Gedichte redet, genauer gesagt über eins mit dem Titel »Zirkuskind«, von einer Frau, die Rose Ausländer heißt und schon tot ist, und wenn das Gedicht dann gar nicht von einem echten Zirkuskind handelt, sondern irgendwie von der Frau selbst und ihrer Fantasie.

Gedichte. Damit kann ich einfach nichts anfangen. Geschichten sind ja okay, da gibt es echt ganz spannende. Früher, als Mama mir noch welche vorgelesen hat, fand ich das immer gut, besonders, wenn darin spezielle Technologien eine Rolle spielten oder Schiffsreisen oder das Weltall. Manchmal lese ich noch immer Bücher, wenn auch nicht unbedingt dieselben wie im Deutschunterricht. Nur, worauf ich gerade Lust hab.

Aber Gedichte, die mag ich nicht. Die sind irgendwie so schwurbelig, vor allem, wenn sie keine feste Form haben, sondern einfach nur aus merkwürdigen Sätzen bestehen. Im schlimmsten Fall sind es nicht mal richtige Sätze, jedenfalls keine logischen, sondern *Bilder*, wie die Ullrich es nennt. Dann weiß man erst recht nicht, was die sollen. Wenn ich Gedichte schreiben würde, würden sie sich wenigstens reimen, und die Zeilen müssten jeweils eine bestimmte Anzahl von Silben haben, damit alles aufgeht, aber natürlich schreibe ich keine, und ich hab auch keine Lust, über welche zu reden.

»Malte, du siehst skeptisch aus«, spricht die Ullrich mich jetzt auch noch an, und sofort guckt die ganze Klasse zu meinem Platz rüber. »Welche Einwände hast du gegen das ›Zirkuskind‹?«

»Ach, gar keine«, murmle ich, aber jetzt beißt die Ullrich sich fest.

»Na, sag schon!«

Ich zucke die Achseln. »Weiß nicht. Ich kapier das einfach nicht so richtig.«

»Dann lies das Gedicht doch bitte noch mal laut.«

Auch das mag ich nicht. Laut vorlesen. Aber jetzt muss ich wohl oder übel ran. Also nehme ich das Blatt, auf dem in der Mitte der Text winzig klein fotokopiert ist, und überfliege sicherheitshalber vorab die Zeilen.

»*Ich bin ein Zirkuskind*«, fange ich dann an.

Die Ullrich lächelt mir zu.

»spiele mit Einfällen
Bälle auf – ab

Ich geh auf dem Seil
über die Arena
der Erde

reite auf einem Flügelpferd
über ein Mohnfeld
wo der Traum wächst

Werfe dir Traumbälle zu
Fang sie auf«

»Gut«, sagt die Ullrich. »*Traumbälle.* Was ist denn damit wohl gemeint?« Sie guckt immer noch mich an.

Wieder zucke ich die Achseln. »Dass sich jemand was vorstellen soll?«

»Aha!«, sagt sie, als hätte ich ihr wer weiß was offenbart. »Wer soll sich denn was vorstellen?«

Ich blicke wieder auf die mikroskopischen Zeilen. »Die Person, der die Traumbälle zugespielt werden.«

»Genau. Und wer ist das?«

Mein Mund wird trocken. Ich versuche vergeblich zu schlucken. Halte mich mit den Augen am Zettel fest.

Werfe dir Traumbälle zu.

Weiterlesen.

Fang sie auf.

»Wer soll sich was vorstellen und von Einfällen berühren lassen?«, hakt die Ullrich nach.

Ich sammle Spucke im Mund zusammen. Viel ist es nicht. »Der Leser?«, frage ich leise. »Den Rose Ausländer anspricht? In ihren Gedichten?«

»Genau«, sagt sie glücklich. »Ein Gedicht ist immer eine Art Zwiegespräch.« Und nun lässt sie mich endlich in Ruhe.

Neben mir stößt Mats mich mit dem Ellbogen an. Grinst und flüstert: »Voll der Deutschprofi heute.«

Statt zu antworten, gucke ich mit schweren Augen raus in das Februargrau. Kurz versuche ich, mir ein Flügelpferd vorzustellen, das über ein Feld galoppiert, auf dem ein Traum wächst. Aber es funktioniert nicht. Da sind nur der Schulhof mit den Tischtennisplatten, der verhangene Himmel und ein Stück vom Seitentrakt mit den Fachräumen, wo wir Physik und Bio und Matheclub haben.

Ich bin eben keiner, der Traumbälle auffängt. Beziehungsweise was mit Gedichten anfangen kann.

Als die Pause beginnt, nieselt es noch immer, und so gut wie die ganze Schule quetscht sich in die Cafeteria. Normalerweise kann man in so einem Gedränge direkt neben jemandem stehen und sieht ihn trotzdem nicht, weil sich immer ein anderer an einem vorbei zur Essensschlange drängelt oder einen wegschiebt oder mit seinem breiten Rücken anschubst, aber Josefine entdecke ich sofort. Durch alle Leute hindurch.

Sie sitzt an einem der Tische und hat den Kopf gelangweilt in die Hände gestützt, als ginge sie der ganze Trubel nichts an. Und das Unheimliche ist: Sie sieht mich auch. Als gäbe es da einen Blicktunnel zwischen uns. Und weil ich gleich merke, das geht jetzt nicht, dass ich einfach weggucke und mich mit Mats und Philipp unterhalte, nicht, wenn sie mich so anschaut, es scheint sie überhaupt nicht zu interessieren, ob es mir peinlich ist oder nicht, sie hier zu treffen. Also nicke ich ihr ergeben zu, sage zu Mats und Philipp: »Komme gleich wieder« und kämpfe mich zu ihr durch.

»Hey!«, begrüßt sie mich. »Was geht?«

»Nichts Besonderes, und bei dir?«

Statt zu antworten, nimmt sie den Kopf aus den Händen, setzt sich ein bisschen auf, mustert mich. »Müde?«

»Ich konnte gestern nicht einschlafen. Und wir hatten gerade Deutsch ... Gedichte!«

»Cool«, sagt sie, und es dauert einen Moment, bis mir klar wird, dass sie damit nicht meinen schlechten Schlaf meint.

»Was? Gedichte?«

»Findeste nicht?«

Ich beiße von meinem Käsebrot ab, überlege, ob sie es vielleicht ironisch meint.

»Jedenfalls besser als Sport«, fügt sie hinzu. »Das hab ich jetzt gleich, und es dürfte unter Umständen noch bescheuerter werden als Bio mit dieser scheiß Genetik.«

Nun bin ich einigermaßen verwundert. »Ich dachte, du machst gerne Sport.«

»Ja, aber doch nicht in der Schule!« Es klingt, als hätte ich das eigentlich wissen müssen.

»Ich find Schulsport auch nicht so toll«, beeile ich mich zu sagen, und dabei muss ich plötzlich an Lale und ihren Volleyball denken und frage mich, ob sie im Verein spielt oder AG-mäßig in der IGS.

Josefine unterbricht meine Gedanken. »Aber wenn ich's mir recht überlege, geh ich eh nicht hin«, sagt sie.

Als ich das höre, stolpert mein Herz. »Wohin gehst du nicht?«

»Zu Sport natürlich.« Mit einem entschiedenen Ruck steht sie vom Tisch auf. »Gibt Wichtigeres im Leben.«

»Aber du kannst noch nicht ...!«

»Was kann ich nicht?«, fragt sie eine Spur zu laut.

Ein paar Leute drehen sich nach uns um, und na klar, Kolja ist auch dabei. Der taucht jetzt wohl immer haargenau dort auf, wo Josefine ist. Vielleicht hat er uns sogar schon länger zugehört, ohne auf sich aufmerksam zu machen.

»Hallo«, sagt er, als unsere Blicke sich treffen. Er sagt es deutlich genug, dass auch Josefine es hören müsste.

Doch die achtet genauso wenig auf ihn wie auf alle anderen in der Cafeteria. Sie schnappt sich nur ihren Rucksack, zieht die Kapuze ihres Hoodies über und wuschelt mir durch die Haare. »Tschüss, Kleiner«, sagt sie, und ehe ich noch was erwidern kann, schiebt sie sich durch die Massen, die ihr erstaunlich gehorsam Platz machen, davon.

»Was hatte die denn?«, fragt Kolja und guckt ihr verdattert nach, so lange noch was von ihr zu sehen ist.

»Keine Ahnung.« Ich denke daran, wie sie zuerst dasaß, den Kopf schwer in die Hände gestützt. »Schlechte Laune?«

»Phhhh«, macht er. »Scheint mir auch so. Ist irgendwas passiert?«

Eigentlich will ich echt nicht weiter mit ihm über Josefine reden, aber dann kommt mir was in den Sinn, etwas, das schon die ganze Zeit ungehört in meinen Ohren nachhallt. »Was bespricht man in der Zehnten eigentlich in Genetik? DNA und so was?«

Er kratzt sich am Hinterkopf. »Also, wir haben da gerade erst mit angefangen ... mit dominanter und rezessiver Vererbung. Und wie die sich auswirkt, zum Beispiel bei roten Haaren oder bestimmten Krankheiten.«

»Mhm«, mache ich. »Was denn für Krankheiten?«

»Weiß nicht mehr, verschiedene. Wieso fragst du?«

Ich schiele zu ihm hoch. Er hat es nicht kapiert. Obwohl er sich so für meine Halbschwester interessiert, hat er nicht verstanden, dass ich wegen ihr gefragt hab. Weil es nämlich bestimmt keinen Spaß macht, über Erbkrankheiten zu sprechen, wenn die eigene Mutter gerade Krebs hatte. Auch wenn das natürlich keine Entschuldigung für den Sportunterricht ist.

»Nur so«, antworte ich und Koljas Gesicht sieht noch verdatterter aus als vorher. Dann scheint ihm ein Gedanke zu kommen, aber im selben Moment zupft mich jemand von hinten an der Jacke, und als ich nachsehe, stehen da Mats und Philipp.

»Wir gehen doch mal kurz raus, kommst du mit?«, fragt Philipp.

»Okay«, sage ich. Und diesmal bin ich es, der Kolja einfach stehenlässt. Nicht umgekehrt.

In der fünften und sechsten fällt Geschichte aus und wir dürfen in den PC-Raum. Offiziell sollen wir was recherchieren, zu den Pyramiden in Ägypten, weil wir eigentlich gerade frühe Hochkulturen durchnehmen, aber die Vertretungslehrerin guckt gar nicht, ob wir das auch wirklich machen, sondern blättert in ihren Unterlagen, und jeder googelt irgendwas rum – außer unserem guten Rafael wahrscheinlich, der macht ja immer haargenau das, was ihm die Lehrer sagen.

Philipp am PC rechts neben mir hat sogar eine Spieleseite geöffnet und Valeria links ist auf Instagram unterwegs.

Ich für meinen Teil lese zuerst ein paar Sachen über Brustkrebs nach, Warnzeichen, Risikofaktoren, Behandlungsmöglichkeiten und so weiter. Aber obwohl man mit Artikeln zu dem Thema fast erschlagen wird, ist da vieles nicht so eindeutig, und erst, als ich »Brustkrebs« plus »Vererbung« eingebe, wird es ein bisschen interessanter. Allerdings auch ganz schön kompliziert, und außerdem ist so ein Krankheitszeugs ja ziemlich deprimierend, darum hab ich bald keine Lust mehr.

Sicherheitshalber rufe ich als nächstes die Wikipedia-Seite mit der Liste der ägyptischen Pyramiden auf, irgendwas muss man ja vorweisen können, dann öffne ich einen neuen Tab und gehe auf eine Matheseite, die ich gut finde. Weil es da für fast alles, was man wissen möchte, Tutorials gibt, und dann kann man noch verschiedene Übungen machen und sich Tipps geben lassen, wenn man welche braucht, und die Lösungen kann man sich auch durchlesen. Als ich ins Trigonometriekapitel gehe, entdecke ich auch gleich Aufgaben zum Tangens und Kotangens und rufe eine auf. Aber dann muss ich an Lale denken und mir fällt was Besseres ein.

»Lale Erdem« tippe ich, und davon, verrät mir Google, gibt es leider so einige, sowohl auf deutschen als auch auf türkischen Seiten. Erst als ich auch noch den Namen der IGS dazuschreibe, lande ich bei der richtigen Lale. Mit der Volleyball-AG ihrer Schule nach irgendeinem Spiel. Und als ich mich weiter durch die Fotogalerie auf der Homepage klicke, finde ich sie auch auf einem Foto vom Schulchor. Und dann noch auf einem vom Schulfest, aber nur im Hintergrund. Und jedes Mal, wenn ich sie zwischen den ganzen Unbekannten auf den Bildern erkenne, durchfährt mich so ein kleines Zucken, ein bisschen wie wenn man sich an der Autotür beim Aussteigen einen Stromschlag holt und das halb eklig, halb angenehm ist.

Sehr viel unangenehmer fühlt es sich allerdings an, als plötzlich die Vertretungsfrau dicht hinter mir steht und laut in die Klassenrunde fragt, was unsere Recherche macht. Als ich über die Schulter schiele, landet ihr Blick auch noch auf meinem Gesicht.

Schnell klicke ich den IGS-Tab weg und bin heilfroh, als wieder die Pyramidenseite auf dem Bildschirm sichtbar wird. Aber trotzdem. Wer weiß, ob sie was gesehen hat, auch wenn ihr Blick wahrscheinlich nur kurz an mir vorbeigeschweift ist. Oder Philipp oder Valeria. Auf einmal hab ich das Gefühl, die ganze Klasse weiß, dass ich ein Mädchen gegoogelt hab, und ich merk schon, wie ich sauer werde, auf Lale und mich selbst und alle anderen, doch keiner sagt was oder tuschelt und zu mir gucken tut auch keiner.

Stattdessen gucken sie zu der Vertretungslehrerin, und die verkündet, wir sollen unsere Blöcke auspacken und in Stichpunkten unsere Ergebnisse notieren. Und diesmal mache ich, was sie sagt, genau wie unser guter Rafael, und die anderen machen es auch.

Nur denken muss ich noch ein bisschen an Lale und wie sie auf diesen Fotos aussah, strahlend und einfach nur ... da, und die Krebssache geht mir auch wieder durch den Kopf. Immerhin kann ich Josefine bei Gelegenheit sagen, dass sie sich keine Sorgen machen muss. Dass Brustkrebs dominant vererbt wird, ist nämlich die absolute Ausnahme. In den allermeisten Fällen kommt er einfach so, und kein Mensch weiß, warum.

5

Das mit dem Schuleschwänzen war keine gute Idee von meiner Halbschwester, jedenfalls was die Stimmung in der Familie betrifft. Sie hat sich ja nicht mal Mühe gegeben, es zu verheimlichen, sondern ist viel zu früh zu Hause aufgeschlagen und auch nicht zur letzten Doppelstunde zurück zur Schule gegangen. Und jetzt hat sie nicht nur Stress mit Mama, sondern auch mit Papa. Ausgerechnet mit ihm, der sich tagelang alle Mörderblicke gefallen lassen hat!

Seit er von der Arbeit zurück ist, sind Josefine und er am streiten, und man kann in unserem Haus gar nicht so viele Türen zumachen, als dass man seine Ruhe davor hätte. Schon normale Hausaufgaben sind unter diesen Umständen kein Spaß, und Mathe geht überhaupt nicht. Dabei hat der Zerhusen mir angeboten, Donnerstag nach der Sechsten mit meinen Aufgaben bei ihm vorbeizukommen, damit ich nicht so lange bis zum nächsten Matheclub warten muss.

Irgendwann wird es mir zu doof und ich schiebe mich

aus meinem Zimmer. Treppe runter, durch den Flur und rein in die Höhle des Löwen. Heißt, ins Wohnzimmer.

»... akzeptiere ich einfach nicht!«, ruft Papa gerade und tigert dabei auf den Fliesen hin und her. »Bei allem Verständnis, das möchte ich dringend betonen. Aber noch mal kannst du es dir nicht erlauben, dich so gehenzulassen. Diesmal muss die zehnte Klasse klappen.«

Josefine, die in einem Sessel abhängt, schnaubt durch die Nase, als müsste sie sich das Lachen verkneifen. »Von welchem Verständnis redest du eigentlich, Christian?«

»Herrgott noch mal!«, stößt Papa hervor, dann entdeckt er mich in der offenen Schiebetür und verzieht das Gesicht. »Malte, es ist gerade ein sehr ungünstiger Zeitpunkt.«

»Welcher Zeitpunkt ist denn günstig?«, gebe ich zurück. »Ihr streitet euch doch ununterbrochen.«

Damit hat Papa wohl nicht gerechnet. Einen Moment guckt er mich irritiert an, bevor er raushaut: »Wir streiten nicht, wir diskutieren.«

Diesmal lacht Josefine richtig auf. »Ach ja?«

»Allerdings!«, sagt Papa. »Ich jedenfalls diskutiere. Über deine Schulbildung und deine Zukunftsperspektiven.«

»Ich nicht.« Sie hievt sich aus ihrem Sessel hoch und schlendert ungerührt an ihm vorbei. »Was geht dich meine Zukunft an?«

»Eine ganze Menge!« Papa macht einen Satz und stellt sich ihr in den Weg. »Immerhin bin ich dein Vater.«

»Soso«, sagt Josefine.

»Was soll das heißen, soso?«

»Soso heißt soso. Ein leiser Ausdruck des Zweifels.«

»Da könnte mir glatt die Hand ausrutschen«, zischt Papa, und kurz hab ich Angst, er will wirklich Josefine eine scheuern.

»Lass das!«, mische ich mich ein. »Das darfst du nicht!«

Mit einem Ruck dreht Papa sich zu mir um. »Ich mach doch gar nichts.«

»Doch!«, rufe ich. »Du meckerst die ganze Zeit rum. Und jetzt sagst du auch noch, du willst Josefine schlagen.«

»Als ob ich ...« Papa schnappt nach Luft. »Ich hab in meinem Leben noch nie ... Was glaubst du eigentlich, wer ich ...«

Er bricht ab, denn Josefine schlängelt sich einfach an ihm vorbei. »Wohin willst du?«

»Kapierst du's nicht?«, fragt sie zurück. »Malte fühlt sich gestört von dem ganzen Scheiß hier.«

Papa blickt zwischen ihr und mir hin und her. »Anja?!«, ruft er dann. »Könntest du mal bitte kommen?« Und sagt an meine Halbschwester gewandt: »Hiergeblieben, junge Dame, wir sind noch nicht fertig!« Offenbar hat er beschlossen, sich nun gar nichts mehr gefallen zu lassen, weder von ihr noch von mir.

Doch seine Kommandos scheinen Josefine wenig zu beeindrucken, sie geht einfach weiter und schiebt sich an mir vorbei aus dem Zimmer. In der nächsten Sekunde legt mir Mama auch schon die Hände auf die Schultern und dirigiert mich in Richtung Küche. Was bedeuten soll: Der Rest geht mich nichts an. Vermutlich soll ich nicht mitkriegen, wie doof Papa ist, als er jetzt hinter Josefine her in den Keller poltert, doof und wütend und so fremd, dass mein Hals ganz eng wird.

Mama jedenfalls macht die Küchentür hinter uns zu und fragt, ob ich Kakao und Kekse haben möchte. Als wäre nichts und wir könnten uns einen ganz normalen Nachmittag machen. Aber sie hat wieder diese Falte zwischen den Augenbrauen, und da hab ich keine Lust, mit ihr zusammenzusitzen und zu reden. Schon gar nicht mit diesem Kloß im Hals.

»Nee, ich will nichts«, bringe ich nur quäkig hervor.

Mama seufzt. »Ist vielleicht auch schon ein bisschen spät. Dauert ja nicht mehr lang bis zum Abendbrot.«

»Dann gehe ich noch mal in mein Zimmer.«

Sie nickt. Erst als ich mich umdrehe und die Türklinke runterdrücke, höre ich sie noch mal Luft holen.

»Malte?«

»Mhm?«

Schweigen. Dann sagt sie: »Ist schon gut. Geh ruhig wieder hoch.«

Also gehe ich. Aber während ich die Treppenstufen raufkaufe, frage ich mich, warum sie nichts gesagt hat. Und wieso Papa mich nicht im Wohnzimmer dabeihaben wollte. Ich kriege doch sowieso mit, dass bei uns seit Josefines Ankunft nichts mehr stimmt. Alles, alles kriege ich mit. Da müssen Mama und Papa gar nicht so tun, als beträfe mich das nicht. Oder als hätten sie alles im Griff und ich müsste mir keine Sorgen machen. So was finde ich nämlich auch wieder blöd: Wenn die Erwachsenen einem was vorgaukeln. Das ist fast noch schlimmer als der ganze Rest.

Mit einem Mal steht Josefine in meinem Zimmer. Ohne anzuklopfen und alles. Dabei hätte ich wetten können, sie wüsste nicht mal, welches Zimmer meins ist.

»Hey«, sagt sie.

Ich blicke vom Schreibtisch auf. »Hat Papa dich endlich in Ruhe gelassen?«

Sie grinst ein bisschen gequält, nickt. »Übst du Mathe?«, fragt sie dann. »Für die Olympiade?«

»Nee, das geht gerade irgendwie nicht.« Ich ziehe die Schultern hoch. »Muss sowieso noch Deutsch machen.«

Sie tritt näher und beugt sich über mein Heft. »Wieder Gedichte?«

»Ja, leider. Wir haben eins aufbekommen, das wir noch überhaupt nicht im Unterricht besprochen haben. Und sollen was darüber schreiben, Reimschema und Bilder und so.«

»Zeig mal her«, sagt sie, und ich ziehe das Hausaufgabenblatt zwischen den Heftseiten hervor.

»Ach, Klaus Kordon!«, ruft Josefine, als müsste einem das was sagen. Und liest:

»Einfach alles

Ich möcht ein Sack voll Blödsinn sein,
möcht tagelang nur lachen
und kreuz und quer
und vorneweg
und hintendrein
die tollsten Sprünge machen.

Ich möcht ein Baum im Walde sein.
Und sanft im Wind mich wiegen,
und mutig und voll Lust
stets neue Blätter kriegen.

Ich möchte einfach alles sein,
möcht stille stehn
und springen.
Und wenn ich einmal traurig bin
hört ihr mich leise singen.«

»Und?«, frage ich.

»Ist doch superschön«, sagt sie.

»Findest du?«

Josefine legt den Zettel zurück auf meinen Schreibtisch. »Hallo?! Da steht, dass es Mut erfordert, neue Blätter zu kriegen, nachdem die alten abgefallen sind. Und dass es gleichzeitig lustvoll ist. Wie ein Geburtsschmerz, auf den was Unglaubliches folgt, verstehste? Oder da unten: Traurig sein und singen ... da atmet man ja schon beim Lesen auf. Stell dir mal vor, man würde es selber ausprobieren!«

Vielleicht hat sie recht. Traurig sein und gleichzeitig singen, das kann nicht jeder, das ist schon was Besonderes. Vielleicht ist das Traurigsein dann gar nicht mehr nur traurig, sondern auch ein bisschen hoffnungsvoll. Als würde es den Trost schon in sich tragen, so ähnlich wie die Sache mit dem Geburtsschmerz und den neuen Blättern. So was in der Art könnte ich jedenfalls in der Hausaufgabe schreiben.

»Woher kannst du das mit den Gedichten?«, frage ich. »Einmal draufgucken und schon fällt dir was dazu ein.«

Statt darauf einzugehen, tritt Josefine von meinem Schreibtisch weg und sieht sich in meinem Zimmer um. Hält vor dem Bücherfach, mustert die Gesellschaftsspiele ganz oben im Regal, hebt mit den Zehen einen Legostein auf und legt ihn auf meinen Nachttisch. Dann dreht sie sich wieder zu mir um und fragt: »Was macht die Sache mit dem Mädchen?«

Vor Schreck falle ich fast vom Stuhl. »Mit welchem Mädchen?«

»Na, mit welchem schon! Der Neuen im Matheclub.«

»Lale heißt die«, murmle ich und hoffe, das reicht ihr als Antwort.

Aber Josefine guckt mir forschend ins Gesicht. »Und?«

»Weiß ich nicht, was die macht«, sage ich abwehrend. »Die geht ja gar nicht in meine Schule ... also ... unsere Schule.«

»Das weiß ich auch. Zeig schon her!« Sie deutet auf meinen Monitor. »Du hast sie doch garantiert schon gegoogelt.«

»Der Computer ist gar nicht hochgefahren«, versuche ich es noch mal, aber schon hat Josefine den Einschalter gedrückt und sich mit den Unterarmen auf meinen Schreibtisch gelehnt.

Und da zeig ich sie ihr eben. Auf der IGS-Seite. In ihren Volleyballsachen.

»Coole Sau«, sagt Josefine. »Bleib dran!« Sie sagt das ganz ernst. Ohne zu grinsen und ohne jeden Kommentar über Schulsport und dergleichen.

Und als ich protestiere und verkünde, ich bleib nirgendwo dran, weil Lale nichts weiter als meine Mathekollegin ist, die ich hoffentlich haushoch bei der Olympiade schlagen werde, winkt sie nur ab, rappelt sich wieder hoch und öffnet meine Zimmertür. »Ach, übrigens«, sagt sie im Rausgehen, »ich schreibe eigene Gedichte. Da bekommt man einen Blick dafür.« Im nächsten Augenblick ist sie verschwunden. Nur ihre Schritte kann ich noch auf der Treppe hören und dass sie leise vor sich hinsingt. Und bevor ich es überhaupt bemerke, fange ich auch an zu summen.

Irgendwelche Töne.

Beim Abendbrot sitzen wir zu dritt da, Mama, Papa und ich. Josefine taucht nicht auf, obwohl Papa dreimal nach ihr gerufen hat. Dabei läuft bei ihr im Keller nicht mal laute Musik.

»Das macht sie doch mit Absicht«, stöhnt Papa und will schon aufspringen, um es noch mal zu versuchen, aber Mama legt ihre Hand quer über den Tisch auf seine.

»Mach dich bitte nicht zum Affen, Christian. Sie wartet bestimmt nur darauf, dass wir betteln und bitten.«

Mir gefällt nicht, was sie da sagt. Und wie sie es sagt – mit diesem schnippischen Ton. Nicht, weil es nicht denkbar ist, dass Josefine so was will. Aber es könnte auch anders sein, und das scheint Mama überhaupt nicht in Betracht zu ziehen.

»Vielleicht ist sie ja gerade beschäftigt«, sage ich darum und stelle mir vor, wie Josefine mit Papas Gewichten zugange ist und nicht einfach Knall auf Fall ihre Übung abbrechen kann. Oder wie sie über ihrem Laptop hockt und in irgendwas vertieft ist – in einen Artikel über Vererbung bei Brustkrebs zum Beispiel oder in ein Gedicht.

»Schön, dann fangen wir eben ohne sie an«, sagt Papa und nimmt sich eine Scheibe Brot aus dem Korb.

Und eigentlich könnte es jetzt ein ganz gewöhnliches Abendessen werden, genau so eins wie die Tausende von Abendessen, die wir vor Josefine hatten. Aber es kommt nicht recht in Schwung, auch wenn Papa nach der Kunst fragt und Mama sich sofort mit erkundigt und sich offenbar Mühe gibt, ihre Stimme wieder freundlich klingen zu lassen. Es ist einfach noch zu viel Streit in der Luft.

»Was soll die Kunst schon machen«, gebe ich zurück. »Bald ist Landesrunde und ich hab heute nix geschafft bei dem Lärm hier.«

Mama und Papa machen betretene Gesichter. Am liebsten würde ich noch eine Ladung nachballern und sagen, wie gemein es ist, dass keiner auf mich Rücksicht nimmt, aber da ruft irgendwas in meinem Kopf: *Mimimi!*, und ich lasse es bleiben. Trotzdem. Stimmt doch. Darum sage ich auch nicht »Macht nix«, als Papa sagt, es tue ihm leid. Wahrscheinlich ist das sowieso nur so ein Satz: *Es tut mir leid.* Und nachher rennt er zu Josefine und meckert rum, weil sie nicht beim Essen erschienen ist.

»Und sonst?«, erkundigt sich Mama bei mir. »Wie war es heute in der Schule?«

Das ist auch so ein Satz. *Wie war's in der Schule?* Was soll man darauf schon sagen. Dass ich Kolja in der Pause getroffen hab, aber nur, weil er nach Josefine Ausschau gehalten hat, und das Treffen darum doof war? Oder dass ich Lale gegoogelt hab?

»Geschichte ist ausgefallen«, antworte ich. »Wir durften in den PC-Raum und irgendwas machen.«

Mama seufzt. »Immer dieser Unterrichtsentfall«, sagt sie, und damit ist auch das Schulthema durch.

Papa erzählt noch ein bisschen von der Firma und Mama von einem Telefongespräch mit einer französischen Autorin, die sie gerade übersetzt, und vielleicht bilden meine Eltern sich ja selbst ein, für die Dauer eines Abendessens wäre alles wieder wie immer.

Aber das stimmt nicht. Nichts ist, wie es war, bevor meine Halbschwester aufgetaucht ist und unseren Vater *Christian* genannt hat statt *Papa* und Mama eine *Bitch*. Viel, viel blöder ist es, auch wenn sie ja zugegebenermaßen manchmal ganz nett ist und einem in Deutsch helfen kann und so was. Das bringt den Rest nämlich auch nicht wieder in Ordnung. Als wäre alles, was vorher war, runtergefallen und dabei kaputtgegangen.

Und ich muss daran denken, wie es war, als ich als kleines Kind nur die natürlichen Zahlen kannte, zum Beispiel die Drei wie Mama-Papa-Malte und die Fünf wie die Finger an jeder Hand und natürlich die Acht, die schöne Acht. Aber dann, irgendwann, ist mir klargeworden, dass es auch negative Zahlen gibt, die weniger darstellen als nichts, und Brüche, die eher Verhältnisse von Zahlen sind, und irrationale Zahlen mit ihren nicht enden wollenden Nachkommastellen. Ich hab geweint und geweint, doch das hat nichts genützt, es ist nie wieder so geworden wie vorher. Man kann vielleicht die Regeln und Axiome lernen, aber man kann einfach nicht so tun, als gäbe es kein Pi, keine Wurzel aus Zwei und keine Unendlichkeit.

So sehr man es sich auch wünscht.

6

Obwohl es wieder nieselt, gehe ich am nächsten Tag in der Pause mit Mats und Philipp auf den Schulhof, Kapuzen auf und fertig. Um genau zu sein: Es ist mein Vorschlag gewesen, weil ich keine Lust auf die Cafeteria habe und das Trara um meine Halbschwester (vorausgesetzt, sie schwänzt heute nicht wieder, dann verlagert sich das Trara auf zu Hause) und erst recht nicht darauf, Koljas Fragen zu beantworten. Denn falls Josefine drinnen ist, ist er das auch, und das geht mir auf die Nerven. Dabei hab ich mich sonst immer so gefreut, wenn ich ihn in der Pause getroffen hab.

Jedenfalls laufen wir einfach so rum, Mats, Philipp und ich, weil es zu kalt zum Stehen ist, und drücken uns dabei am Gebäude entlang, damit unsere Jeans nicht allzu feucht werden, und wir stopfen unsere Brote in uns rein und quatschen ein bisschen. Nichts Besonderes, weil es mit Mats und Philipp eben nichts Besonderes zu bereden gibt, ein bisschen Games, ein bisschen Schule, aber ganz lustig ist es trotzdem, weil Mats irgendwann die Janßen-

Weiland nachmacht, also unsere Werte-und Normen-Lehrerin, und Nachmachen, das kann er echt gut.

Ich versuche es auch und Philipp auch, und wir müssen alle lachen, und am Ende der Pause, als wir schon wieder auf dem Weg zu unserem Klassenraum sind, fragt Philipp plötzlich, ob wir uns verabreden wollen. Also Mats und er und ich. Nach der Schule, bei ihm zu Hause.

Kurz überlege ich, ob ich das will, schließlich sind wir immer noch keine Freunde und außerdem müsste ich was für Mathe machen, aber dann denke ich an die Stimmung bei uns und sage einfach Ja und Mats sagt auch Ja, und damit ist es abgemacht.

In der kleinen Pause (diesmal gießt es richtig und wir dürfen im Klassenraum bleiben) schreibe ich Mama eine Nachricht, auch auf die Gefahr hin, dass ein Lehrer in die Klasse guckt und mein Telefon einkassiert, und Mama antwortet sofort.

Ich freu mich für dich!, schreibt sie, als wäre es wer weiß was Tolles, sich mit Mats und Philipp zu verabreden, aber mir soll es recht sein.

Nach der Schule nehmen wir den Bus Richtung Norden, und als wir bei Philipp ankommen, ist keiner da, dafür aber mehrere Packungen Sandwichbrot und Scheibenkäse und dann noch verschiedene Aufstriche, die wir nie zu Hause haben, weil sie so ungesund sind. Dementsprechend futtern wir uns voll, und hinterher setzen wir uns an Philipps X-Box One und spielen ein Game, das es bei uns zu Hause garantiert auch nicht gäbe, hätten wir überhaupt eine Konsole. Es geht darin um den Wilden Westen, und weil es dort nur so von Schurken wimmelt, finden dauernd Kämpfe statt. Was bedeutet, dass man ziemlich viel rumballert und mit Molotowcocktails wirft und manchmal auch eine Ladung Dynamit in die Luft gehen lässt. Eigentlich ist es lustig, auch wenn Philipp geübter ist als ich und Mats die Sache sehr viel schneller rauskriegt und als erstes gleich mal einen Grizzlybären erlegt. Ich halte mich einfach ein bisschen im Hintergrund, gucke, was ich hinkriege, und überlasse alles Wichtige ihnen. Dann wird es ruhiger, wir sind in einer Kleinstadt und kaufen neue Waffen, und plötzlich fragt Mats: »Und, wie ist deine Halbschwester so?«

Ich zucke auf meinem Stuhl zusammen. »Geht. Bisschen nervig.«

»Ist meine Schwester auch«, sagt Mats, aber mir ist klar, dass allen klar ist, dass es bei Josefine um eine andere Art von Nervigkeit geht als bei gewöhnlichen Schwestern.

Mats und Philipp gucken auch ein bisschen verlegen, und Philipp erzählt, dass er mitbekommen hat, wie im

Bus welche von den älteren Mädchen über Josefine geredet haben. Und ob ich wissen will, was.

»Lass mal«, sage ich und winke ab.

Die beiden werfen sich einen Blick zu, und ich denk schon, dass es vielleicht doch eine blöde Idee war, hierher zu kommen, weil das jetzt wahrscheinlich so weitergeht, aber da ruft Mats: »Der Sheriff!«, und Josefine ist vergessen. So interessant scheint meine Halbschwester für Mats und Philipp auch wieder nicht zu sein, jedenfalls nicht interessant genug, um ein Gefecht zu verlieren.

Diesmal geb ich mir auch mehr Mühe, greife an und kämpfe, und weil ich jetzt einen Tomahawk besitze, nennt Mats mich irgendwann den »Schlachter«.

Von da an macht es richtig Spaß.

Philipp holt Chips und Cola aus der Küche, und während wir vor der X-Box sitzen und durch die Landschaft reisen, dabei schon wieder mampfen, Abenteuer bestehen, Gegner abknallen und uns kaputtlachen, hab ich fast das Gefühl, wir sind doch so was wie Freunde.

Zumindest für heute.

Die Quittung kommt prompt am Donnerstag. Den ganzen Vormittag wurmt es mich, dass ich Zerhusens Aufgaben nicht alle bearbeitet hab. Wobei *nicht alle* noch untertrieben ist. Nur zwei von acht hab ich gelöst und zwar die leichteren. Um den Rest hab ich mich einfach nicht gekümmert, weil immer was war. Erst der Stress mit Josefine und gestern dann Mats und Philipp. Und damit nicht genug. Als ich mich in der Pause in eine möglichst ruhige Ecke verkrümeln will, um wenigstens noch eine weitere Aufgabe zu schaffen, gehen die beiden so selbstverständlich neben mir her, als würden wir von jetzt an immer alles zusammen machen.

»Ich hab noch zu tun«, sage ich und will ein bisschen schneller gehen, aber in den vollen Gängen kommt man nicht gut voran, und so richtig kriegen sie es auch nicht mit.

»Vielleicht könnt ihr demnächst auch mal bei mir übernachten«, sagt Philipp nämlich gerade. »Habt ihr Bock?«

Mats findet die Idee cool und sagt was über die nächsten Wochenenden, an denen er manchmal ein Fußballspiel hat und manchmal nicht, und dann gucken sie mich an und warten auf meine Reaktion. Aber ich hab da gerade keinen Nerv für. Das einzige, woran ich denken kann, sind die Aufgaben, die noch auf mich warten, und die wenige Zeit, die mir für sie bleibt. Also kämpfe ich mich weiter, die Treppe runter zur Eingangshalle.

»Und du, Malte?«, fragt Philipp, als wir unten angekommen sind. »Willst du auch kommen?«

»Ich hab zu tun!«, sage ich noch mal, füge entschuldigend hinzu: »Wegen der Olympiade«, und stemme die Glastür zum Schulhof auf.

Sie folgen mir nicht. Als ich mich noch mal umdrehe, gucken sie nur kurz ein bisschen komisch, dann sehe ich sie in Richtung Cafeteria abbiegen und sich weiter unterhalten, vermutlich über die Übernachtungsparty und was sie da alles machen wollen. Ist wohl doch nicht so wichtig, ob ich dabei bin oder nicht.

Also gehe ich allein nach draußen und weiß nicht, ob ich erleichtert sein oder mich ärgern soll, jedenfalls peile ich das Mäuerchen hinter den Tischtennisplatten an und setze mich hin. Der Waschbeton ist kalt und ungemütlich, aber ich versuche, nicht darauf zu achten, klappe meinen Block auf und lese die dritte Übung auf Zerhusens Arbeitsblatt. Darin geht es um die Tangensfunktion, mit der ich bis jetzt noch nie richtig gearbeitet hab, und ich muss zugeben, etwas gemein ist sie schon. Oder sagen wir mal: schwierig. Jedenfalls wenn einem der Pausenlärm in den Ohren dröhnt und man genau weiß, dass es in fünfzehn Minuten wieder klingelt.

Ich notiere mir die Aufgabenstellung in eigenen Worten, denn das ist ja immerhin ein Anfang, und schreibe auf, wonach ich eigentlich suche und welche Informationen mir dafür zur Verfügung stehen. Doch dann hänge ich fest.

Brett vorm Kopf.

Wenn jetzt wenigstens Kolja auftauchen würde, und sei es, um sich nach meiner Halbschwester zu erkundigen. Er könnte mir bestimmt weiterhelfen, Josefine hin oder her. Könnte mir einen winzigen Tipp geben, und dann würde es mir wie Schuppen von den Augen fallen, da bin ich mir sicher.

Aber Kolja taucht nicht auf, so sehr ich ihn in Gedanken auch rufe: *Kolja, mein Freund! Wo bist du?*

Der einzige, der auf mich zukommt, ist der Aufsichtslehrer, so ein älterer, strenger mit Bart, von dem ich gar nicht weiß, wie er heißt, und macht ein Gesicht, als hätte er mich bei etwas erwischt. »Hausaufgaben sind für zu Hause da, wie der Name schon sagt«, quatscht er mich an. »Und die Pause zum Pausieren.« Bestimmt unterrichtet er Deutsch.

»Das sind keine Hausaufgaben«, murmle ich. »Das sind freiwillige Übungen.«

Der Strenge scheint wenig beeindruckt. »Räumst du deine Sachen selbst weg oder soll ich sie an mich nehmen?«

Das kann mich wahnsinnig machen. »Aber ich mach doch nur ...«, fange ich an, »also, wegen der Landesrunde ...«, doch im nächsten Moment streckt er die Hand aus.

»Du oder ich?«

»Ich bring's schon weg.« Meinen Block fest an mich gedrückt, springe ich vom Mäuerchen. Lohnt sich nicht, jetzt noch weiter zu protestieren und dadurch zu riskieren, meine Unterlagen abgeknüpft zu bekommen. Wahrscheinlich glaubt der Strenge mir sowieso nicht, dass ich mir hier freiwillig den Hintern verkühle, um Mathe zu machen. Das kann so ein Deutschmensch gar nicht verstehen.

Bei meiner Beichte vor dem Lehrerzimmer ist der Zerhusen freundlich wie immer, aber hinter dem Lächeln sagt sein Gesicht: *Ich muss mich doch ein bisschen wundern.*

Und als er extra mit mir zum Clubraum läuft, um die unbearbeiteten Aufgaben dort mit mir durchzugehen, ist mir die ganze Sache unheimlich peinlich.

Besonders weil plötzlich Lale dasteht, als hätte sie jemand herteleportiert. Und weil sie, wie sich schnell herausstellt, im Gegensatz zu mir das ganze Arbeitsblatt durchgeackert hat.

Ich meine, das wusste ich nicht. Dass Lale hier und heute auftaucht und nicht erst wieder am Montag beim offiziellen Clubtermin. Ein bisschen wurmt es mich auch, weil ich mir sicher war, dass der Zerhusen so ein

Zwischendurchangebot bloß für mich machen würde. Wo er mich dafür extra zur Seite genommen hat. Aber wahrscheinlich hat er Lale auch zur Seite genommen, als es niemand mitbekommen hat, oder er hat ihr eine E-Mail geschrieben oder was auch immer. Jedenfalls ist sie da und guckt genauso nett wie am Montag, und während der Zerhusen aufschließt, fragt sie, wie's bei mir mit den Vorbereitungen läuft, und ich komme mir vor wie ein Volldepp.

»Ich hatte nicht viel Zeit für Mathe«, antworte ich knapp.

»Habt ihr nachmittags auch ständig irgendein Wahlpflichtprogramm?«, seufzt sie, und das ist natürlich doppelt blamabel, weil ich ja normalerweise immer nach der Sechsten Schluss hab.

»Nein, aber ich hatte anderes zu tun«, sage ich. »Zu Hause. Wir ... renovieren gerade mein Zimmer.« Meine Stimme krächzt beim Sprechen, und ich fürchte, man kann hören, dass ich mir selbst nicht glaube.

»Oh«, sagt Lale auch nur, setzt sich an einen der Tische, und da setze ich mich auch. An einen anderen Tisch. Sind ja genug vorhanden.

Aber als ich da so allein hocke, denk ich mir, wie blöd das ist und dass ich viel lieber neben ihr sitzen würde, genau wie beim letzten Mal. Neben Lale mit den schwarzen

Haaren, Lale mit der Zahnspange, Lale, die Volleyball spielt. Andererseits würde sie dann sehen, wie dämlich ich mich bei der Tangensfunktion angestellt hab, und das will ich auch wieder nicht. Vor allem weil ich, kaum dass der Zerhusen anfängt, auch nur zwei Worte dazu zu sagen, plötzlich den Durchblick hab.

»Schon klar«, sage ich und lehne mich zurück, als wären die Definitionslücken beim Tangens nichts, worüber überhaupt Worte verloren werden müssten, aber der Zerhusen will leider ganz sicher gehen.

»Jetzt ist der Groschen gefallen, oder, Malte?«, fragt er. »Ist dir klargeworden, wie du weitermachen musst?«, und natürlich weiß Lale jetzt, dass ich vorher voll auf dem Schlauch stand.

Sie dreht sich auch zu mir um und wirft mir ihr Bracketlächeln zu, und ich merke, wie mir die Hitze ins Gesicht schießt. »Äh, ich ... hab ich ja gesagt.«

Der Zerhusen guckt mich nachdenklich an. »Gut«, sagt er schließlich. »Dann mal weiter zur nächsten Aufgabe. Darin geht es um die Ableitungsfunktionen.«

Lale meldet sich und sagt, dass sie damit ein bisschen Schwierigkeiten hatte – einfach so, als wäre es nichts. Er nickt ihr freundlich zu und fragt, wo genau das Problem gelegen hat, und ich sitze an meinem Einzeltisch und komme mir noch doofer vor als vorher.

Als er wissen will, wie es mir für meinen Teil mit dieser Aufgabe geht, antworte ich auch noch schneller, als ich denken kann: »Ich glaub, die ist leicht«, obwohl leicht echt was anderes ist als dieses Mistding, und beuge mich über meinen Block, als müsste ich nur schnell was hinschreiben.

Und so geht es die ganze Zeit weiter, bis der Zerhusen sagt, wenn es keine weiteren Fragen gibt, muss er uns jetzt rauswerfen, seine Frau macht ihm die Hölle heiß, wenn er nicht langsam mal nach Hause kommt.

Zum Glück hat auch keiner mehr Fragen. Ich schon gar nicht. Ich will einfach nur raus hier und mich direkt noch mal an die Aufgaben setzen. Und am Montag beim nächsten Matheclub bin ich wieder voll auf Zack, Lale hin oder her.

Also packen wir unsere Sachen zusammen, und als sie im Rausgehen »Hau rein!« sagt und mir ohne Vorwarnung auf die Schulter klopft, gehe ich auch nicht darauf ein.

Obwohl die Haut unter meinem Pulli sofort zu brennen beginnt.

7

Josefine hat wieder geschwänzt. Es fliegt erst am Freitag auf, weil sie diesmal nicht eher nach Hause, sondern irgendwo anders hingegangen ist, vielleicht in ein Café oder ins Einkaufszentrum, aber durchkommen tut man damit natürlich nicht.

Am Mittagstisch, als ich gerade denke, jetzt ist Wochenende und mal gucken, wie das so wird, immerhin gibt es was Leckeres und alle Anwesenden sind nur mit Essen beschäftigt, klingelt im Flur das Telefon. Und als Mama drangeht, kann ich sofort hören, dass es mit Josefine und der Schule zu tun hat.

»Ach, Frau Eckert«, sagt sie, und wenn die Direktorin persönlich anruft, ist klar, es geht nicht gerade um eine Kleinigkeit. Das scheint auch Mama zu wissen, denn ihre Stimme klingt von einer Sekunde auf die andere ganz merkwürdig, fast zu freundlich, aber gleichzeitig abweisend, als wollte sie am liebsten sofort wieder auflegen.

Ich schiele zu Josefine, die mir schräg gegenübersitzt und Spinatlasagne in sich reinschaufelt.

Sie zuckt nur die Achseln und kaut weiter.

»Nein, tut mir leid, mein Mann ist noch bei der Arbeit«, sagt die Mamastimme im Flur. »Soll ich etwas ausrichten?«

Dann wird es still, weil es offenbar einiges auszurichten gibt. Und als Mama zurück an den Tisch kommt, zeigt sich, dass das Schwänzen nur die eine Sache ist.

»Ist das wirklich wahr?«, fragt sie und starrt Josefine fassungslos an. »Dass du deine Klassenlehrerin heute im Unterricht eine *unerträgliche Spießertussi* genannt hast?«

Josefine muss gar nichts sagen, ich weiß genau, dass das nur stimmen kann, obwohl ich die Klassenlehrerin der 10C bloß vom Sehen kenne und auch nicht so genau weiß, wie eine Spießertussi eigentlich aussieht. Aber so ein Satz, der passt einfach zu Josefine.

»Sie *ist* eine«, bestätigt die auch und kratzt die Reste auf ihrem Teller zusammen. »Jeder weiß das. Und flüstert es hinter vorgehaltener Hand. Hat die Eckert das nicht erwähnt?«

»Josefine!«, ruft Mama.

»Was?«, gibt Josefine kauend zurück.

»Das *geht* nicht!«

»Was geht nicht?« Sie legt den Kopf schief und blickt Mama ins Gesicht. »Die Wahrheit zu sagen? Das sieht dir ähnlich.«

Mama klappt der Mund auf.

»Damit hast du's ja nicht so«, fügt Josefine hinzu. »Stimmt's, Anja?« Dann wendet sie den Blick wieder ab und nimmt sich noch ein bisschen Lasagne nach.

Ich sitze da und weiß nicht genau, was hier vor sich geht, aber in mir kribbelt es auf einmal ganz fies und ich ahne, dass es sich um viel mehr dreht als ums Schwänzen und den Ärger in der Schule. Um sehr viel mehr.

»Verlasse bitte das Zimmer«, sagt Mama da. »Ich werde jetzt deinen Vater informieren, und er wird sich bestimmt umgehend bei dir melden, also halte dich bereit.«

Diesmal protestiert Josefine nicht. Sie greift nur nach ihrem Teller und ihrem Besteck und verschwindet mit einem Lächeln auf den Lippen. Als hätte nicht sie von Mama einkassiert, sondern umgekehrt. Mama sieht auch auf einmal müde aus, müde und erschöpft und ein bisschen, wie wenn man heulen muss, es aber zurückhält, weil einem jemand zuguckt.

»Soll ich auch gehen?«, frage ich.

»Iss in Ruhe weiter, Malte«, antwortet sie, aber während sie spricht, kommen ihr tatsächlich die Tränen, und darum quetscht sie nur noch: »Entschuldige mich bitte, ich muss mit Papa telefonieren« hervor, und eilt ihrerseits aus dem Zimmer.

Und wer, bitte, könnte da noch gemütlich seine Lasagne weiteressen? Ich jedenfalls nicht, so lecker sie auch ist. Oder: so lecker sie eben noch war. Jetzt allerdings ist mir ein bisschen schlecht, der Käse erscheint mir als ein einziger klebriger Klumpen und die Béchamelsoße brennt unangenehm im Hals. Und was das Wochenende betrifft, hab ich auch keine großen Hoffnungen mehr. Wo sich hier sowieso nur alle streiten. Und meine Halbschwester sogar meine Mutter zum Weinen bringt.

Mama, die *Bitch*.

Mama, die es mit der Wahrheit nicht so hat.

Sondern eher mit ... ja, mit was eigentlich? Mit der Unwahrheit? Damit, Leuten was vorzumachen?

Nein, ich will das nicht denken. Das sind Josefines Gedanken, nicht meine. Die Gedanken von einer, die die Schule schwänzt und Lehrerinnen beschimpft und alle Leute fertigmacht.

Meine Gedanken sind andere. Die finden es einfach nur seltsam, was hier gerade passiert. Beziehungsweise behauptet wird, über Mama und überhaupt. *Meine Gedanken* wissen, dass das alles nicht stimmen kann, schließlich kenne ich Mama viel besser als Josefine. Ich weiß, dass sie keine Lügnerin ist. Keine, die so tut als ob. Und darum muss ich jetzt nicht auch noch heulen. Ich kann einfach aufstehen und meinen Kram machen.

Mama ist Mama, und Papa ist Papa, alles andere kann nicht stimmen ... darf nicht stimmen ...

Oder? Oderoderoder?

Zum Glück ist während des Essens die Sonne rausgekommen, und obwohl ich nun wirklich kein Draußentyp bin, der bei jeder Gelegenheit an die frische Luft rennt, nehme ich meinen Fahrradhelm vom Haken und zieh mir die Jacke an. So bin ich wenigstens nicht da, wenn Papa Josefine anruft und es wieder laut wird.

Draußen ist es kalt, der Atem dampft in weißen Wolken aus meinem Mund, und als ich mein Rad aufschließe und dabei die eisigen Stangen berühre, bereue ich sofort, dass ich keine Handschuhe angezogen hab. Oder die Helmmütze. Oder einen Schal. Aber noch mal zurückgehen will ich nicht und ewig bleibe ich sowieso nicht draußen. Wo ich nicht mal weiß, wo ich überhaupt hinfahren soll.

Kurz überlege ich, dann steige ich einfach auf und fahre drauflos. Die Straße entlang, an der Kreuzung links und dann stadtauswärts, bis ich merke, dass ich in Richtung Landwehr unterwegs bin.

Früher, als ich klein war, hab ich da manchmal mit Mama und Papa zusammen Radtouren gemacht, durch die Felder und irgendwann in den Wald hinein, und wenn ich Glück hatte, sind wir im Waldcafé Eis essen gegangen und ich durfte noch ein paar Runden Seilbahn auf dem Spielplatz fahren. Aber das war natürlich immer im Frühling oder Sommer, nicht an so einem Februartag wie heute, und als ich in den Feldweg am Ende der Landwehrstraße einbiege, sieht es auch ganz anders aus als bei den Ausflügen damals. Da war alles grün und sanft und einladend. Jetzt aber sind die Sträucher kahl, der Acker ist braun und matschig, und auf dem Gras vor der Hecke schimmert sogar ein bisschen Raureif.

Aber irgendwie ist es trotzdem schön, vielleicht, weil es so leer ist, nur ein vereinzelter Spaziergänger mit Hund ist zu sehen, und auch, weil die Sonne scheint wie schon seit Langem nicht mehr. Ich trete in die Pedale, überhole den Hundemann, unter den Reifen spritzen kleine Steinchen zur Seite, und die Luft strömt kalt in meine Lungen. Obwohl ich friere, merke ich, wie Schweiß auf meine Stirn tritt, und ich werde schneller und schneller. Fast kommt es mir vor, als würde ich abheben, und mit einem Mal sind diese Zeilen in meinem Kopf:

reite auf einem Flügelpferd
über ein Mohnfeld
wo der Traum wächst

Ich höre auf zu treten, und während ich mich rollen lasse, gucke ich mich um, rechts, links, rechts. Natürlich sind da nur der Acker, der Grasstreifen und die Hecke, aber ein bisschen ist es trotzdem wie ein Traumland, und ich muss mir vorstellen, Lale würde auftauchen, würde irgendwo auf dem Feld stehen und mir zuwinken. Es wäre gelogen zu sagen, dass ich sie vor mir sehen kann, aber ich weiß, wie es ungefähr aussähe, wenn ich sie sehen *könnte*, und ich weiß auch, dass ich dann zurückwinken würde. Ja, ich würde sogar anhalten und »Hey, Lale!« rufen und sie käme zu mir rübergelaufen. Dann würden wir uns unterhalten, vielleicht über Mathe, vielleicht auch über was anderes, jedenfalls würde mir jede Menge zu reden einfallen, und sie würde irgendwelche Kommentare dazu machen, die so witzig wären, dass ich total lachen müsste. Und dann müsste sie selbst lachen, und wenn wir uns beruhigt hätten, würden wir uns anlächeln, ich sie und sie mich. Mit ihrem Bracketlächeln.

Plötzlich, mitten in meine Gedanken hinein, gabelt sich der Feldweg, und ich muss mich entscheiden, ob ich nur einmal um den Acker kurven oder in den Wald reinfahren will. Eigentlich weiß ich es schon, bevor ich drüber nachdenke, wozu bin ich denn aufgebrochen, wenn ich jetzt schon wieder nach Hause fahre. *Nach Hause, pah!*

Jedenfalls nehme ich den kleinen Steg über den Graben, und schon ragen rechts und links die Bäume auf und strecken ihre kahlen Äste in alle Richtungen.

Er ist ein bisschen düster, dieser Februarwald, viel düsterer als das freie Feld, weil die Sonne es nicht bis über die Wipfel schafft, sondern auf halber Höhe hängen bleibt und die Stämme lange Schatten werfen, aber jetzt bin ich drin und jetzt will ich auch da durch. Gibt ja nichts, wovor man im Wald Angst haben müsste. Im Gegenteil, still und friedlich ist es hier, und ich denke:

Ich möcht ein Baum im Walde sein.
Und sanft im Wind mich wiegen.

Dann denke ich: Komisch, dass ich an so was denke, Gedichte und so weiter. Aber es stört mich auch nicht sonderlich. Mich stört nicht mal, dass der Gedanke mich weiter zu Josefine führt, weil es nicht die Josefine ist, die streitet und Sachen behauptet und alles kaputtmacht, sondern die andere, die in mein Zimmer kommt und mir was über die *Bilder* in einem Gedicht erzählt, die Josefine, die selbst Gedichte schreibt.

Ich fahre über die huckeligen Waldwege und dampfe vor mich hin, fahre weiter und weiter und gucke zu, wie die wenigen Sonnenstrahlen, die es durch die Bäume schaffen, sich rötlich färben und die Schatten immer länger werden, und als ich endlich beim Waldcafé ankomme, das leer und verlassen auf seiner Lichtung liegt, steige ich ab und fahre ein, zwei, drei, vier, fünf Runden auf der eiskalten Seilbahn, die unter meinem Gewicht viel schneller abgeht als früher. Sieht ja keiner.

Dann werfe ich einen Blick auf mein Telefon, natürlich möchte Mama über WhatsApp wissen, wo ich stecke und ob bei mir alles in Ordnung ist, Papa wäre längst zurück und sie würden sich Sorgen um mich machen. Kurz überlege ich, sie zappeln zu lassen, sie alle miteinander, Mama, Papa und Josefine, überlege, mich nie wieder bei ihnen zu melden, sondern einfach für immer zu verschwinden. Aber dann antworte ich doch, dass ich Fahrrad fahre und demnächst wiederkomme.

Alles andere wäre lächerlich.

Ich meine, ich will ja gar nicht weg. Ich will nur mein normales Zuhause zurück, wo auch immer sich das gerade versteckt. Also setze ich mich bloß noch mal auf eine Schaukel und sehe mir leicht hin- und herschwingend an, wie die allerletzte Himmelsröte hinter den Baumkronen verschwindet. Dann steige ich wieder aufs Rad, bevor es richtig dunkel wird und ich mich womöglich im Wald verirre wie Hänsel und Gretel, nur ohne Schwester an meiner Seite.

Als ich die Tür aufschließe, kommt Mama in den Flur und macht so ein liebes Gesicht, dass ich sofort denke, das hat was zu bedeuten, jetzt kommt irgendwas. Aber sie fragt nur: »War es schön draußen?« und sagt: »Hoffentlich hast du dich nicht erkältet, du siehst ganz verfroren aus!«, und vielleicht ist es auch einfach nur ein ganz normales Liebsein, weil sie eben meine Mutter ist und es ein schlechter Tag bei uns war.

Auch Papa kommt angetappt und witzelt: »Na, Meister, wieder zurück von deiner kleinen Spritztour?«, und obwohl das natürlich ein bisschen albern ist, weiß ich, es ist auch nett gemeint, die geben sich alle beide Mühe.

Die Sache ist nur, mich macht das misstrauisch. Nach allem, was heute hier los war. Als würde sich hinter dem Nettsein was verstecken. Etwas, das *nicht* so nett ist, und darum kann ich auch nichts Nettes zurücksagen, nichts Familienmäßiges wie: »Wollen wir vielleicht ein paar Waffeln backen?« oder etwas in der Art. Dabei würde ich mir eigentlich auch gerne Mühe geben und es schön mit Mama und Papa haben, so schön, wie es immer war. Aber jetzt, wo ich wieder zu Hause bin, ist da auch wieder die Sache mit der Wahrheit, mit der Mama es angeblich nicht so hat. Und Papa ja möglicherweise auch nicht.

Darum sag ich nur, dass ich k. o. vom Fahrradfahren bin und meine Ruhe haben will, und nachdem sie sich einen bedeutungsvollen Blick zugeworfen haben und wieder zögerlich in ihren Löchern verschwunden sind, geh ich die Kellertreppe runter und klopfe bei Josefine. Weil ich sie einfach fragen muss, was sie heute Mittag meinte. Ob sie es ernst gemeint oder sich einfach was ausgedacht hat, um Mama zu ärgern. Sonst weiß ich nie wieder, was ich denken soll.

Das Dumme ist nur, auf mein Klopfen kommt keine Reaktion. Und als ich vorsichtig die Klinke runterdrücke und in ihr Zimmer luge, ist sie gar nicht drin. Erst da fällt mir auf, dass im Kellerbad die Dusche rauscht, und ich will schon fast wieder verschwinden, aber es geht nicht.

Ihr Laptop. Aufgeklappt auf der Schlafcouch.

Und auf dem Monitor irgendein Text.

Ein Text, in dem wer weiß was steht, vielleicht was Wichtiges, vielleicht ...

Ich meine, ich weiß, dass man so was nicht darf. In anderer Leute Sachen schnüffeln. Aber wenn die anderen Leute so drauf sind wie meine Halbschwester und alles durcheinanderbringen, müssen sie sich auch nicht wundern.

Denke ich mir und bin schon wie von selbst im Zimmer. Und noch bevor ich was Genaues erkennen kann, ahne ich, dass es ein Gedicht ist, eins von ihren eigenen Gedichten, ein Josefine-Gedicht. Mein Herz fängt wie verrückt an zu klopfen, und als ich mich hinhocke und anfange zu lesen, weiß ich sofort, dass das, was da steht, eine Wahrheit sein muss. Weiß, dass Gedichte nicht lügen.

Benennung

Du nennst dich ›Papa‹
wenn du dich meldest –
sogar im Zorn.
Schweigen in der Leitung.
Denn ich weiß nichts
auf ein Kosewort zu erwidern
das zum Formalismus erstarrt ist
seit du weggegangen bist
von uns
zu ihr.

Diesmal ist es auch nicht so, dass mir das alles nichts sagt. Im Gegenteil. Die Wörter springen mich regelrecht an oder vielmehr die *Bilder*. Ich sehe Josefine vor mir, ihr Telefon am Ohr, aus dem wild auf sie eingeredet wird. Aber viel mehr noch sehe ich Papa, nicht den Papa am anderen Telefon, sondern einen Papa von früher, einen Papa, der weggeht:

von uns
zu ihr.

Und während ich es sehe, fängt in mir etwas an zu brennen, erst in meiner Brust und dann auch im Rest meines Körpers, und ich kann nur dahocken und die Worte wieder und wieder lesen:

von uns
zu ihr.

Erst, als Josefine in ein Handtuch gewickelt und mit nassen Haaren ins Zimmer kommt und ruft: »Was machst du da?«, kommt wieder Bewegung in mich.

»Ich …!«, rufe ich im Aufspringen.

Josefine funkelt mich an. »Du hast sie ja nicht mehr alle, hier rumzuspionieren!«

»Ich …«, murmle ich noch mal und senke den Kopf.

Energisch schiebt sie sich an mir vorbei und knallt ihren Laptop zu. »Verschwinde aus meinem Zimmer!«, zischt sie dann. Und ich mache, dass ich fortkomme.

8

Am Samstag wache ich mit Halsschmerzen auf. Schlucken ist die Pest und mein ganzer Körper schreit: *Weiterschlafen!*, aber ich quäle mich aus dem Bett, heute muss ich Mathe machen, da hilft alles nichts. Und weil ich keinen Hunger hab, setze ich mich direkt an den Schreibtisch, runter in die Küche will ich sowieso nicht, will niemanden sehen, niemanden sprechen.

Ich will nur meine Zahlen, will, dass alles logisch ist und ich dieses bekloppte Arbeitsblatt endlich fertigkriege, die Landesrunde wartet nicht. Das Problem ist nur, kaum guck ich auf den Zettel, fängt auch noch mein Kopf an wehzutun und die Zahlen beginnen vor meinen Augen zu tanzen. Denken ist unter solchen Umständen schwierig, vor allem, weil sich auch noch so viele andere Gedanken dazwischendrängeln, Gedanken mit vielen Stimmen und vielen Fragezeichen dahinter. Gedanken, die mit Logik nicht viel zu tun haben, sondern sich im Kreis drehen und mit jeder Runde tiefer in meinen pochenden Schädel bohren:

Das Mädchen und seine Mutter, das war vor meiner Zeit.
Immerhin bin ich dein Vater.
Von uns
zu ihr.

Und ich kapier überhaupt nichts mehr, nicht Mathe, nicht den ganzen Rest, mir tut einfach nur alles weh.

Es wird auch nicht besser, als ich Schritte auf der Treppe höre und kurz darauf Mama ihren Kopf ins Zimmer streckt. Dabei ist es so ein vertrautes Mamagesicht, das mich da anguckt, freundlich und ein bisschen besorgt, als würde sie sofort erkennen, dass irgendwas ist.

»Du bist ja doch schon wach«, sagt Mama. »Ich hab mich bereits gewundert ... wo du gestern so früh ins Bett verschwunden bist! Warum kommst du denn nicht runter, frühstücken?«

Ich sage nicht, dass ich zwar früh im Bett war, aber dann noch stundenlang wach lag. Oder dass ich nicht weiß, wie das gehen soll, mit ihr am Tisch zu sitzen. Und mit Papa. Und Josefine. »Ich hab Halsschmerzen«, sage ich nur und merke, dass meine Stimme ein bisschen zittert.

Da steht sie schon neben mir, hebt mit dem Zeigefinger mein Kinn an und guckt mir ins Gesicht. »Du siehst krank aus. Mach mal den Mund auf!« Dreht meine Schreibtischlampe in Richtung meines Gesichts und leuchtet mir in den Rachen. Befühlt mir dann Stirn und Wangen und klappt einfach meinen Block zu. »Du legst dich mal schön wieder hin und ich setze Tee auf und hol das Thermometer«, sagt sie schließlich.

Ich will widersprechen und will es doch nicht.

Will an meinem Schreibtisch bleiben und will in mein Bett.

Will alles, will nichts.

Schließlich stehe ich vom Drehstuhl auf. Durch meinen Kopf schwappt ein dumpfer Schmerz in Richtung Augen. Vorsichtig, um ihn nicht genauso heftig zurückschwappen zu lassen, tappe ich zum Bett.

»Wärst du gestern mal nicht ewig draußen geblieben«, murmelt Mama noch. Und verschwindet aus dem Zimmer.

Ich schaukle, werde geschaukelt, jemand gibt mir Anschwung. Es ist wieder die Schaukel beim Waldcafé, nur ist sie viel größer, und jetzt ist Sommer, meine Beine ragen aus kurzen Hosen. Sie schlenkern, die Beine, versuchen, selbst in den Rhythmus zu kommen, wollen mit der Bewegung der Schaukel hin und her schwingen, aber sie kommen immer durcheinander.

»Vor und zurück«, sagt der Anschubser, der Papa ist, und *vor und zurück* klingt logisch, also versuche ich es noch mal neu.

»Vor«, sagt Papa und meine Beine gehen nach vorne. »Und zurück«, sagt er und sie gehen zurück.

»Du kannst es!«, ruft Mama, die plötzlich auch da ist, und es stimmt: Ich kann es.

Also schaukle ich wie verrückt, kann es, kann ganz allein vor- und zurücksausen, Papa muss mir keinen Anschwung mehr geben, und ich merke, er tut es auch nicht, hat es vielleicht nie getan.

»Papa?«, frage ich unsicher und drehe mich auf der Schaukel um.

Da ist kein Papa, und mit einem Stechen in der Brust verstehe ich, dass er auch nie dagewesen ist. Ich sitze ganz allein auf der Schaukel und plötzlich verheddern sich meine Beine. Im nächsten Augenblick falle ich, hintenüber, falle und falle –

und wache auf.

Mein Herz klopft, ich versuche die Augen zu öffnen, aber etwas zieht an mir, zieht mich zurück, obwohl ich nicht will, zieht mich hinein in einen dunklen Raum.

Keine Ahnung, was für ein Haus es ist, in dem ich mich befinde, der Raum ist eng, die Decke niedrig, doch ich hab das Gefühl, dahinter sind noch andere Räume, und die sind gefährlich.

Ohne mich zu bewegen, sehe ich mich im Zimmer um, oder vielmehr zeigt es sich mir mit seinen altmodischen Möbeln – einer Kommode mit Spitzendeckchen, einem Himmelbett, einem verschnörkelten Stuhl –, während ich stockstarr dastehe.

Dann aber wird mir klar, dass ich weiter muss, dass etwas auf mich wartet, etwas Böses, Unheimliches. Natürlich will ich nicht, lieber möchte ich in dem kleinen Puppenstubenraum bleiben, möchte mich in das Himmelbett legen oder auf den Stuhl setzen, aber sobald ich auch nur eine klitzekleine Bewegung mache, zwingt *Es* mich zur Tür, zerrt *Es* an mir. Eigentlich ist es gar keine Tür, sondern eine Öffnung, das ganze Zimmer zieht sich in die Länge, wird zu einem Gang, der bergab führt, und unten, da lauert *Es*.

Ich versuche stehenzubleiben. Versuche, meine Schritte zumindest zu verlangsamen, doch es geht nicht, ich werde immer schneller, beginne zu rutschen, finde keinen Halt, falle schon wieder, dem Bösen, Gefährlichen direkt entgegen, und da höre ich eine Stimme.

»Malte!«, ruft sie, die Stimme von meiner Halbschwester, und im selben Moment hält jemand mich fest.

Diesmal gelingt es mir, die Augen zu öffnen. Die Hand liegt noch immer fest auf meiner Schulter, während mein Herz gegen die Matratze schlägt. Ich drehe mich um und blinzle.

»Mann, ey«, sagt Josefine. »Fieberträume?«

»Glaub ja«, murmle ich, und als mein Herzschlag endlich ruhiger wird, sind da wieder die Halskopfgliederschmerzen mit ihrer ganzen Ekelhaftigkeit.

Josefine tritt einen Schritt von meinem Bett zurück. »Ich soll dir ausrichten, dass Kolja angerufen hat. Dieser Typ, der bei mir in Werte und Normen sitzt. Wusste ich gar nicht, dass der dein Kumpel ist.«

»Hat er *mich* angerufen oder *dich*?«, quetsche ich durch meine zwickende, beißende Kehle.

Sie guckt mich seltsam an. »Anja ist drangegangen und hat mir das Telefon gebracht. Ich nehm an, nachdem sie ihm gesagt hat, dass du krank bist und schläfst. Du kannst ihn jedenfalls zurückrufen, wenn's dir besser geht.«

»Mhm«, mache ich nur. Denke: Da hast du ja Glück gehabt, Kolja, du Arsch, dass ich geschlafen hab und du stattdessen mit Josefine sprechen konntest! Und rolle mich wieder auf den Bauch.

Als ich das nächste Mal aufwache, hab ich Durst und setze mich im Bett auf. Keine Ahnung, wie spät es ist, draußen ist es schon dunkel, die Fenster im Haus gegenüber sind erleuchtet, während mein eigenes Zimmer in ein grauschwarzes Geflimmer getaucht ist. Also knipse ich die Nachtlampe an und werfe einen Blick auf meine Wanduhr: kurz vor halb sieben.

Ich greife nach meiner Tasse und trinke in einem einzigen Zug meinen kalt gewordenen Salbeitee aus. Bittere Kühle fließt durch meinen Hals, steigt auf in meinen glühenden Kopf, und so widerlich der Geschmack auch ist, ich will mehr.

Mehr befindet sich allerdings auf meinem Schreibtisch, wo Mama vor Stunden die Kanne abgestellt hat. Also quäle ich mich aus dem Bett, stelle mich irgendwie auf die Füße und gehe auf Gummibeinen hin. Balanciere die Kanne zum Nachttisch, schiebe mit der freien Hand Lampe, Thermometer, einen Teller mit braun gewordenen Apfelscheibchen zur Seite. Erst nachdem ich mir Tee nachgegossen hab, sehe ich die Zettel.

Sie liegen am Fußende. Ein ganzer Stapel, auf den ein hellgelbes Post-it geklebt ist.

Hier, du kleiner Schnüffler!, steht in einer unordentlichen Handschrift darauf geschrieben. *Bevor du wieder dreist in meinem Laptop rumstöberst.* Und dann noch: *Achtung! Wer Gedichte liest, braucht Mumm.*

Meine Beine zittern. Ich setze mich auf die Bettkante, trinke. Überfliege die Nachricht noch mal, betrachte Josefines krakelige Buchstaben, von denen jeder einzelne irgendwie wütend aussieht. Dann nehme ich die Zettel und lege sie unter mein Bett.

Ich hab keinen Mumm.

Ich will auch nichts mehr lesen, nicht nach dem, was ich gestern gelesen hab.

Ich will nichts hören und nichts sehen, würde am liebsten wieder schlafen, wären da nur nicht die Träume.

Also lege ich mich zurück ins Bett und lasse die Augen offen. Starre in das schummrige Licht, das die Zimmerdecke reflektiert, und versuche, an gar nichts zu denken. Erst als ich Schritte auf der Treppe höre, knipse ich die Nachtlampe aus und mache die Augen wieder zu.

»Malte?«, flüstert Mama einen Moment später in mein Zimmer hinein.

Ich antworte nicht.

»Du warst doch gerade auf, oder?«

Sie kommt näher, ich spüre, wie sie sich über mich beugt. Dann berührt sie meine Wange.

Ich liege so starr, wie ich nur liegen kann.

Mama seufzt. »Ich hab dir Grießbrei gekocht«, sagt sie leise. Klappert neben mir auf dem Nachttisch herum, Äpfel gegen Grießbrei, nehme ich an, und entfernt sich wieder in Richtung Tür.

»Iss was«, sagt sie noch. »Und nimm eine Paracetamol für die Nacht. Vielleicht schaffst du es ja auch, dir die Zähne zu putzen.« Dann geht sie. Nur ein leichter Geruch nach Zimt, Kirschen und einer uralten Mamarigkeit bleibt zurück.

9

»So, Kamerad«, sagt Papa, nachdem er mir den Computer neben dem Bett aufgebaut hat. »Guten Flug!« Und er reicht mir das Paket mit der ersten Star Trek-Staffel.

Acht DVDs, Laufzeit 1403 Minuten. Das sollte reichen, um diesen bescheuerten Sonntag rumzukriegen. Nichts machen, nicht grübeln, nur das Fieber aus mir rausschwitzen, 37,8 bloß noch, wär doch gelacht.

Und morgen, denke ich und pfriemle die erste DVD aus der Hülle, morgen sehe ich weiter. Morgen ist Montag und morgen ist Matheclub, ob ich mich nun vorbereiten konnte oder nicht. Morgen sehe ich Lale und werde ihr mal zeigen, was eine Harke ist. Und der ganze Rest kann mir doch egal sein.

Dass Papa Mama schon vor seiner Trennung von Josefines Mutter kannte und nicht erst danach kennengelernt hat. Und warum sie mir darüber immer was anderes erzählt haben. Wahrscheinlich haben sie das getan, weil ich noch so ein Baby war, und irgendwann hätten sie mir von selbst gesagt, wie es wirklich war. Oder es einfach beim Alten belassen. Denn unterm Strich macht es ja gar keinen Unterschied, weder für Josefine noch für mich.

Für mich am allerwenigsten.

Ich stecke mir einen der Eiswürfel in den Mund, die Papa mir in einem Schälchen hochgebracht hat und die langsam anfangen, vor sich hinzutauen, und lasse ihn so weit wie möglich in den immer noch schmerzenden Rachen rutschen. Dann schiebe ich die DVD ins Laufwerk und setze die Kopfhörer auf.

Commander Spock!

Okay, es macht doch einen Unterschied. Ich drücke die Klospülung und stelle mich ans Waschbecken, um mir die Hände zu waschen. Ein ziemlich bleicher Malte mit hässlich verwuschelten Haaren guckt mir aus dem Spiegel entgegen, und ich werfe ihm einen grimmigen Blick zu.

Es macht einen verdammten Unterschied, ob die eigenen Eltern einen angelogen haben oder nicht. Und auch, ob sie eine andere Mutter und ihr Kind haben sitzen lassen. Denn das haben sie getan. Alle beide zusammen.

Wasser, Seife, wieder Wasser.

Der Spiegelmalte guckt grimmig zurück.

Und trotzdem. Ist ja nicht meine Sache, wenn sie so blöd sind. Da muss Josefine mich gar nicht reinziehen mit ihren blöden Gedichten, von denen ich sowieso nie wieder was lesen will.

»Jetzt ist Schluss mit dem Geglotze!«, sagt Mama und stellt ein Tablett mit einem Teller Hühnersuppe neben meinem Bett ab.

»Aber Papa hat gesagt ...« Ich verstumme, um nicht zu verpassen, warum auf der Enterprise gerade die Energieversorgung verrücktspielt.

»Papa hat bestimmt nicht gesagt, dass du deinem Fieberkopf nicht eine einzige Minute Bildschirmpause gönnen darfst.«

Vorsichtshalber reagiere ich nicht.

Wenn man alles ignoriert, geben Erwachsene manchmal auf.

Doch da streckt Mama einen Arm aus und fuchtelt zwischen meinen Augen und dem Monitor rum. »Hast du gehört, Malte?«

Mit einem Seufzen drücke ich die Pause-Taste. »Ja, aber ... diese Folge noch zu Ende, okay?«

»Wie lange dauert die noch?«

»Viertelstunde. Höchstens.«

Nun seufzt Mama. »Aber dann wirklich«, sagt sie. Und in diesem Fall weiß ich: Wirklich heißt wirklich. Das lässt sich nicht ignorieren.

Der Nachmittag dauert tausend Stunden. Schlafen ist doof. Wachsein auch. Die Träume und die Gedanken eben. Dazu noch immer erhöhte Temperatur und dieser Hals.

»Da muss Doktor Stanbusch draufschauen«, sagt Mama, als sie wieder mal ins Zimmer kommt und mir ein Glas Orangensaft bringt.

»Das geht nicht!«, rufe ich. »Morgen hab ich Schule.«

»Malte!« Mama guckt mich fest an. »Du bist krank. Vielleicht ist es eine Angina.«

»Aber morgen ist Matheclub. Und das Fieber ist doch schon niedriger!« Ich setze mich im Bett auf, und wie um ihr zu beweisen, dass so ein bisschen Halsentzündung mich nicht wenige Wochen vor der Landesrunde ans Haus nieten kann, kippe ich den scheißsauren Saft an meinen schmerzenden Mandeln vorbei hinunter.

»Versuch, noch ein bisschen zu schlafen«, sagt Mama dazu nur und dreht sich um. Als sie durch die Tür verschwindet, denke ich: *Bitch!*

Hätte ja sein können, dass Kolja mal nachfragt. Wie es mir heute geht oder so. Und zwar nicht übers Festnetztelefon, an dem er dann vielleicht Josefine erwischt, sondern über WhatsApp. Hat er aber nicht.

Ich scroll mich ein bisschen durch die Klassengruppe, Hausaufgaben, irgendwelche Cartoons, Valeria, die was für die Englischarbeit am Dienstag erklärt, und picke mir die Kontakte von Mats und Philipp raus. Mit denen hab ich mir bis jetzt noch nie geschrieben. Also, außerhalb der Klassengruppe. Aber immerhin haben wir uns ja getroffen, nachmittags, wie richtige Freunde. Und obwohl ich, zugegeben, am Freitag in der Schule nicht so richtig ansprechbar war, können wir uns ja zwischendurch mal Hallo sagen. Dreiergruppenmäßig, ich muss das nur einrichten.

Hallo!, tippe ich. *Kann morgen nicht zur Schule kommen. Bin krank.*

Dann denke ich an Lale und ärgere mich, dass ich ihre Nummer nicht weiß. Sonst könnte ich ihr jetzt schreiben, dass ich morgen nicht zum Matheclub darf, und daraufhin würde sie mir bestimmt anbieten, alle Aufgaben abzufotografieren, und ich würde antworten, super, gerne, und wir könnten noch ein bisschen hin- und hertexten. Aber, nun ja, ich *weiß* ihre Nummer eben nicht.

Immerhin piept nun eine Nachricht von Mats rein: *Oh, coole Gruppe. Gute Besserung!* Und kurz darauf Philipp: *Dann bleib bloß Dienstag auch noch zu Hause, wegen Englisch. (Aber rechtzeitig gesund werden, um bei der Übernachtungsparty mitzumachen!)* Und als ich das Telefon weglege, denke ich, dass ich das vielleicht doch irgendwann mal mache. Bei denen übernachten.

Dann steht wieder Josefine neben meinem Bett, ein grauer Umriss mit Kapuze, draußen ist es schon fast dunkel, ich muss eingeschlafen sein.

»Und?«, fragt sie.

Und, was alles heißen kann, alles oder nichts, aber in diesem Fall nur eine einzige Sache. Auf die es nur eine einzige Antwort gibt: »Ich hab noch nichts gelesen.«

»Das ist okay«, sagt Josefine.

»Ich hab halt keinen Mumm.«

»Doch.« Sagt sie und mehr nicht. Ihre dunkle Gestalt hebt nur noch kurz die Hand zum Gruß, dann dreht sie sich um und geht aus dem Zimmer.

Ich gucke durch die Dunkelheit in Richtung Tür und in meinem Kopf hallt nach: Doch.

Malte Ripken hat Mumm.

10

Streptokokkenangina, zehn Tage Penicillin, mindestens noch drei Tage, besser die ganze Woche zu Hause bleiben, um nichts zu verschleppen. Na toll.

Zu Hause.

Mama hat mir ungefragt ein Lager auf dem Sofa eingerichtet, so ein jogginghosenmäßiges für dieses komische Kein-richtiges-Fieber-mehr-haben-aber-trotzdem-Kranksein, mit Wolldecke und Kuschelkissen und allem, aber ich mag da nicht hin. Auch wenn sie selbst in ihrem Arbeitszimmer sitzt und übersetzt. Hier oben in meinem Zimmer bin ich trotzdem mehr für mich und kann mich um meine Sachen kümmern. Vorausgesetzt ich wüsste, was meine Sachen sind. Früher, da wusste ich das mal. Da war das gar keine Frage. Ich musste nur mein Mathelexikon aufschlagen oder mir ein Arbeitsblatt vorknöpfen und war *drin*. In dieser Welt, die nur aus Zahlen besteht.

Aber wenn ich mich jetzt an meinen Schreibtisch setze und auch nur eine einzige Aufgabe lösen will, weiß ich sofort, dass ich eigentlich was anderes machen müsste, und kann mich null konzentrieren.

Und das andere geht eben auch nicht, ganz egal, was Josefine sagt. Oder vielleicht doch? Weil ich einfach nur diese blöden Zettel unter dem Bett hervorholen und anfangen muss? Auch wenn ich nicht will? Weil Gedichte mir nichts geben als neue Fragen und Zweifel und Verwirrung?

Eine Weile stehe ich unschlüssig im Zimmer. Denke: Nein. Denke: Ja. Denke: Scheiße. Ziehe dann die Zettel hervor und setze mich damit aufs Bett.

Erst liegen sie mit der Schrift nach unten auf meinen Knien. Dann ziehe ich einen heraus, zufällig.

Zurückgeblieben

Wieder einmal strecke ich
die Hände aus
und taste mich
als das Kleinmädchen von damals
durch diesen grenzenlosen Raum
aus Abwesenheit

Einatmen, ausatmen, Spucke runterschlucken. Und einfach noch eins.

Krebs

Im Seitgang krabbelt er dir
ins Dekolleté
beißt sich in dein Fleisch
und kappt mit Scherenhänden
deine unerhörte
Weiblichkeit

Schnell drehe ich alle Zettel wieder um. Nein, das ist nichts für mich, ich hab Gedichte noch nie gemocht, schon gar nicht solche schrecklichen, ich mag lieber Zahlen, und außerdem bin ich krank. Warum, bitte, dreht Josefine mir so was an?

Zack liegt der Stapel wieder unter dem Bett, Legoschublade auf, ich bin erst zwölf, ich darf ja wohl was bauen. Grundplatte, Steine, diesmal wird das ein Haus, ein richtig schönes Haus, und es ist total egal, wie babyhaft es ist. Es ist auch egal, dass ich jetzt heulen muss, weil unten in unserem echten Haus die Tür aufgeht und Papas und Josefines Stimmen zu hören sind, gereizt wie immer, und weil sich auch Mamas Stimme daruntermischt. Ich kann sowieso nichts dagegen tun, es trieft und rotzt und schluchzt nur so aus mir raus. Weil alles falsch ist und kaputt und im Eimer, und weil Josefines

Mutter von dem ganzen Mist auch noch Krebs bekommen hat, auch wenn es genauso gut an den Genen gelegen haben könnte oder an einer anderen Ursache, die für immer unbekannt bleibt.

Danach sitze ich mit den anderen am Tisch, ohne dass jemand isst, nicht mal Josefine bedient sich an den Frikadellen, obwohl sie in dieser Hinsicht ja sonst nicht groß rumfackelt, und Mama und Papa wollen wissen, was los ist.

»Da komm ich extra eher nach Hause zu meinem kranken Sohn und dann ist er das heulende Elend!«, sagt Papa. »Ist es wegen des Matheclubs, Kumpel? Und weil die Konkurrenz sich heute ohne dich vorbereiten konnte?«

»Du bist nicht extra eher nach Hause gekommen, weil ich krank bin«, gebe ich, die Sache mit der Konkurrenz ignorierend, zurück. »Du bist eher nach Hause gekommen, weil du mit Josefine zur Eckert musstest und dir deshalb freigenommen hast.«

Mama und Papa gucken sich an. Josefine guckt mich an.

»Aber ihr erzählt ja immer irgendwas Falsches.«

Jetzt gucken auch Mama und Papa zu mir. Kleine Alarmlichter in den Augen.

»Was meinst du damit?«, fragt Mama vorsichtig.

Ich hole Luft. Will gerade was sagen, irgendwas, irgendwie, aber Papa kommt mir zuvor: »Hör mal, Malte, du hast ja recht, ich will nicht so tun, als wäre es nicht gerade ein bisschen schwierig bei uns.«

»Gerade!«, wiederhole ich. »Und vorher war immer alles gut?!«, und nun blinkt der Alarm in Mamas und Papas Augen auf höchster Stufe. Aber sie schweigen, und das bedeutet, dass ich weiterreden muss.

Hilfe suchend blicke ich zu Josefine, aber auch sie schweigt, hat noch nie, seitdem sie bei uns ist, derartig geschwiegen. Die ganze Welt scheint zu warten, auf die Worte, die so schwer zu sagen sind, und mein Hals wird eng und enger, echt, Mann, ich hab Angina, doch dann bringe ich es hervor. »Ihr habt mich belogen.«

»Malte!«, ruft Mama, aber Papa berührt ihren Arm, und da ist auch sie wieder still.

Und wenn man einmal angefangen hat, kommt der Rest wie von selbst. Ich höre mich Sätze sagen wie: »*Das Mädchen und seine Mutter* waren gar nicht vor deiner Zeit, Mama!«, und: »Hast du Josefines Mutter auch die ganze Zeit angelogen, Papa? Wenn du sie betrogen hast?«, und: »Du hast Josefine einfach im Stich gelassen, oder etwa nicht?«

Sie antworten nicht, widersprechen nicht, gucken nur, mal zu mir, mal zu Josefine, mal Mama zu Papa, mal

Papa zu Mama, und scheinen ihrerseits alle Worte verloren zu haben. Aber ihre Gesichter schreien heraus, dass ich recht habe, werden blass, dann feuerrot und Mamas Augen nass und äderig.

Und da werde auch ich wieder still. Nur eine einzige Frage kann ich noch stellen: »Warum habt ihr das gemacht?«

Auf Antwort brauche ich gar nicht zu warten, das Schweigen am Tisch ist dicht wie Nebel. Also schaufle ich mir Kartoffelpürree auf meinen Teller, lege zwei Frikadellen dazu, einen Löffel Erbsen-und-Möhren und gehe zurück in mein Zimmer.

Warum habt ihr das gemacht? Plötzlich weiß ich, dass sich alles nur um diese Frage dreht.

Eine Lüge ist nichts ohne ihren Grund. Oder ein Verrat. Es ist wie in der Mathematik. Was ist schon eine Zahl ohne ihren Zahlenraum? Oder ein Problem ohne ein System aus Regeln und Zusammenhängen?

Dann gucke ich auf mein Telefon und plötzlich ist da diese Nachricht. Eigentlich sind es mehrere, ein paar von Mats und Philipp, die wissen wollen, ob es mir besser geht, ob sie mir die Hausaufgaben durchgeben sollen, bis wann ich zu Hause bleiben muss und so weiter und so fort, aber nur die andere ist wirklich wichtig, die von dem neuen Kontakt. Sie ist sogar ein kleines Wunder.

Hi!, steht da auch noch nach dem dritten Lesen auf dem Display. *Ich hab Kolja nach deiner Nummer gefragt. Weil ich mir dachte, dass du dir vielleicht angucken möchtest, was ich heute alles aufgeschrieben hab. Kann ja nicht schaden … ☺ Werd schnell gesund! Lale*

Dazu abfotografierte Notizen, Arbeitsblätter, Lösungswege.

Ich versuche, mir die Anhänge anzugucken, die größtenteils mit Geometrie zu tun haben, versuche nachzuvollziehen, was Lale gedacht und gerechnet und skizziert hat, aber meine Augen machen nicht mit oder vielmehr mein Kopf, der in letzter Zeit einfach nicht mehr weiß, was er mit Zahlen anfangen muss, um ihnen einen Sinn zu geben. Jedenfalls rutsche ich immer wieder zurück zu der weißen Sprechblase mit der Nachricht und lese sie noch mal und noch mal: *Hi! Ich hab Kolja nach deiner Nummer gefragt …*

Sie hat Kolja nach meiner Nummer gefragt. Und mir geschrieben.

Nach dem zehnten Lesen setze ich mich auf mein Bett und ziehe die Beine an mich ran. Umschlinge meine Schienbeine, lege den Kopf auf meine Knie und stelle mir vor, wie sie im Fachtrakt sitzt, während Zerhusen ihr was über das Volumen von Zylindern erklärt, und wie sie nickt und lächelt und denkt: Das geb ich an Malte weiter.

Ich stell mir auch vor, wie sie hinterher zu Kolja geht, weil sie beobachtet hat, dass er der einzige aus unserem Matheclub ist, mit dem ich was zu tun hab, und wie sie vielleicht kurz rumdruckst, bevor sie ihn anspricht. Wie sie dann den Raum verlässt und mir auf dem Weg zur Bushaltestelle schreibt. Und tatsächlich auf den Senden-Pfeil drückt.

Die ganze Zeit, während ich auf mein Bett gekauert dahocke, ist Lale in meinem Kopf. Doch mit einem Mal kriege ich den Rappel, falte meine Beine wieder auseinander und stehe mit einem Ruck auf, denn jetzt muss ich irgendwas *tun*. Antworten wahrscheinlich, irgendwas Interessantes, aber ich hab keine Ahnung, was ich schreiben soll. Einem Mädchen.

Eine Weile tigere ich im Zimmer auf und ab und denke nach, ohne dass mir was einfällt. Dann komme ich mir plötzlich doof vor. Ich meine, vielleicht ist es ja gar nicht so wichtig, dass ich Lale groß was zurückschreibe. Wenn ich es mir genauer überlege, wollte sie wahrscheinlich nur fair sein und mir den Kram rüberschicken. Um einen würdigen Konkurrenten bei der Olympiade zu haben, statt gegen eine Mathelusche mit Mandelentzündung und verpassten Clubstunden antreten zu müssen. Und ich sitze hier und denke, sie mag mich. Peinlich.

Also tippe ich nur *Danke!* und leite die Unterlagen an meine Mailadresse weiter, um sie mir für später, wenn mein komischer Kopf sich wieder beruhigt hat, auszudrucken. Und ich will schon Computer und Drucker hochfahren, aber da geht meine Tür auf und Josefine steht vor mir.

»Fit genug für einen kleinen Spaziergang?«

Ich schiele zu ihr hoch und versuche zu erkennen, ob das ein Witz sein soll: *ein kleiner Spaziergang.* Aber echt, die meint das ernst! Nicht das leiseste Grinsen ist auf ihrem Gesicht zu sehen, dafür so ein Blick, der sagt: Komm, Malte, wir gehen.

»Glaub schon«, murmle ich. Und als meine Halbschwester mir zunickt und sich wieder zur Tür umdreht, schließe ich WhatsApp und stecke das Telefon zurück in die Hosentasche.

Draußen ist es wieder milder und nasser geworden, der Bürgersteig liegt grau und voller Pfützen vor uns, und der dicke Wollschal, zu dem Mama mich verdonnert hat, juckt unangenehm.

»Und?«, fragt Josefine. »Gutes Gefühl?«

Ich kratze mich am Nacken. »Was?«

»Na, dass es raus ist. Dass sie dir nicht mehr mit ihrem verlogenen Scheiß kommen können: Anja hätte mit meiner Mutter und mir überhaupt nichts zu tun und dergleichen.«

»Weiß nicht.«

»Versteh ich.«

»Verstehst du?«

»Ja, klar.«

Am Ende der Straße biegen wir, ohne uns abzusprechen, aber auch ohne besonderen Plan, stadtauswärts ab. Keine Ahnung, welchen Überblick Josefine schon über die Gegend hat, aber offenbar ist sie nicht darauf aus, an einen speziellen Ort zu gelangen. Das hier ist einfach nur ein Spaziergang, genau, wie Erwachsene ihn machen: rumlatschen, bisschen quatschen, fertig. Die nächste Straße entlang, am Kiosk vorbei und weiter, vielleicht zum Bahndamm.

»Hast du inzwischen alle gelesen?«, fragt sie plötzlich, und diesmal muss ich nicht nachfragen, was sie meint.

»Nur zwei.«

»Und welche?«

»Das mit dem grenzenlosen Raum. Und das mit dem Krebs.«

»Uff!« Sie schielt zu mir runter. »Da hast du ja die heftigsten erwischt! Lies am besten schnell weiter.«

»Sind denn nicht alle so?«, frage ich. »So ... traurig?«

»Nee. Glaubst du, ich wär 'ne Heulsuse und würde nichts als schwermütigen Kram schreiben?«

Darauf antworte ich nicht. Keine Ahnung, was für ein Mensch meine Halbschwester ist. Wo sie mal so ist und mal so.

»Wie findest du sie denn?«, fragt sie weiter. »Die beiden traurigen?«

»Na ja ... traurig eben.«

Jetzt guckt sie mich richtig an. »Du kannst echt nicht über Gedichte sprechen, Malte.«

»Ich ...«

»Versuch's noch mal!«

Bis wir in den Feldweg am Bahndamm eingebogen sind, sage ich keinen Piep mehr. Weil ich so was nicht mag. Von meiner Halbschwester abgefragt werden, als säße ich in einer Deutschstunde. Das mach ich bei ihr auch nicht, wenn sie von etwas keine Ahnung hat, Mathe zum Beispiel, auch wenn sie behauptet, *rechnen* zu können. Doch dann kommt mir der Gedanke, dass es ihr vielleicht gar nicht darum geht, mich bloßzustellen, sondern dass sie einfach nur über ihre Gedichte reden will, Fair Play.

»Also«, sage ich, »sie waren ja beide total kurz, nur ein paar Zeilen, aber die haben gereicht, damit ich was kapiert hab. Nämlich dass jemand, in dem Fall Papa, mit einer einzigen Sache, die er tut, anderen Leuten für immer alles zerstören kann.«

Der Blick, den Josefine mir diesmal zuwirft, ist anerkennend. »Und das ist scheiße, besonders, wenn's der eigene Vater ist, stimmt's? Von dem man immer dachte, er wäre Gott oder so was in der Art.«

»Mhm.« Ich schieße ein Steinchen in die Böschung. Denke: *Und wie scheiße!*, und frage eilig: »Wann denkst du dir die aus? Deine Gedichte, meine ich.«

Sie zuckt mit den Achseln. »Immer wenn mir was Brauchbares einfällt. Beim Sport. Oder im Bett. Oder in der Schule, wenn's gerade langweilig ist. Dann geh ich halt und schreib's auf, bevor ich's wieder vergesse.«

»Machst du das auch, wenn du bei dir zu Hause bist? Schwänzen, meine ich? Oder nur, wenn du in meine Schule gehst?«

»Pfff.« Josefine winkt ab, als wollte sie alles, was mit Schule zu tun hat, auf die stillgelegten Gleise schmeißen. »Glaubst du, in meiner Schule wär irgendwas anders als in deiner? Ist doch überall derselbe Schwachsinn: Die Lehrer spulen runter, was sie vor hundert Jahren gelernt haben, und man soll das dann reproduzieren und irgendein Unterrichtsziel erreichen, damit sie mittags beruhigt nach Hause gehen können. Ist doch die reinste

Verarsche und das wissen die selbst! Und trotzdem tun alle so, als wär es wer weiß wie wichtig, dass man im Unterricht hockt und sich brav meldet und gute Noten schreibt. Auch die Eckert heute! *Josefine, wir wollen doch nur, dass du …*, blablabla. Dabei bin ich in vier Wochen wieder weg und niemanden interessiert, was ich hier in der Schule gemacht hab.«

Kurz durchfährt mich ein Kribbeln. In vier Wochen, das ist, wenn ich zur Landesrunde muss. Schnell schiebe ich den Gedanken beiseite, sage auch nicht, dass nicht alle Lehrer so sind, wie sie behauptet, dass es zum Beispiel den Zerhusen wirklich interessiert, ob man was versteht oder nicht, und bestimmt auch ein paar andere. Stattdessen sage ich: »Weißt du, was ich mich wirklich frage?«

»Was?«

»*Warum* Papa das gemacht hat. Warum er dich und deine Mutter sitzen lassen hat. Er hätte ja auch zu Mama sagen können, das geht nicht mit uns beiden, ich hab eine Familie.«

»Spielt es eine Rolle, warum?«, gibt Josefine zurück. »Entscheidend ist doch, dass er getan hat, was er getan hat. Er hat sich für sie entschieden und damit eine beschissene Zukunft besiegelt, zumindest für meine Mutter und mich.«

»Nein, umgekehrt«, sage ich. »Wichtig ist immer die Ursache. Ohne Ursache keine Wirkung.«

Wieder guckt sie mich an, und plötzlich ist da ihr Grinsen, das erste an diesem Tag. »Du bist echt 'n kleiner Geek, Malte«, sagt sie. Dann streckt sie einen Arm aus, dreht die Handfläche nach oben, und eine Sekunde später merke ich es auch: Tropfen. Dicke, nasse Tropfen, die vom Himmel fallen und auf uns platschen, während wir an diesem dämmerigen Februartag durch die Gegend latschen und uns über komische Dinge unterhalten.

»Und du erst!« Ich grinse zurück.

Im nächsten Moment rennen wir schon.

Schon beim Abendbrot kann ich nur noch gähnen, Mama sagt, das ist das Antibiotikum, und kaum hab ich aufgegessen, schickt sie mich ins Bett. Vielleicht ist sie froh, mich für den Rest des Abends loszuwerden, wer schläft, stellt schließlich keine Fragen mehr. Aber natürlich kann sie nicht so tun, als wäre heute nichts passiert, und immerhin traut sie sich, mir Gute Nacht sagen zu kommen, Seite an Seite mit Papa. Er ist es auch, der anfängt zu sprechen.

»Hör mal, Malte«, sagt er, nimmt mein Legohaus aus dem Regal und betrachtet es gründlich, bevor er auch nur ein einziges weiteres Wort *hören* lässt. »Ich weiß nicht, was Josefine dir erzählt hat, aber …«

»Warum?«, unterbreche ich ihn ungeduldig.

Papa guckt zu Mama. Die setzt sich auf den Bettrand und nimmt meine Hand. Ich ziehe sie zurück.

»Was hätten wir dir denn sagen sollen?«, fragt sie da. »Dass wir anfangs eine Affäre hatten? Du warst ein kleines Kind!«

»Ich meine nicht, warum ihr mich angelogen habt.«

Mama atmet durch. »Sondern?«

»Warum ihr es getan habt, ohne Rücksicht auf Melanie und Josefine!«

Nun dreht sie sich zu Papa um, und der kommt, das Legohaus noch immer in den Händen haltend, einen Schritt näher ans Bett. »Wir haben uns ineinander verliebt«, sagt er. »Das passiert eben manchmal. Ganz von selbst.«

»Ja, aber dass man eine Familie kaputtmacht, passiert nicht von selbst. Das macht man oder macht man nicht, ganz egal, ob man verliebt ist. Oder würdest du Mama und mich auch einfach sitzen lassen, wenn jetzt plötzlich eine nette Frau daherkäme? In der Firma oder so? Und du dich in sie verlieben würdest?«

Erst sagen sie nichts dazu, die einzigen Geräusche kommen von Papas Fingernagel, der über die genoppte Grundplatte schabt, dann reden sie durcheinander.

»...kannmansoeinfachgarnicht...«, und: »...klardassdeineschwesterdasso«, und: »...vielzujungumsowas...«, und: »...dergrundwarumwirdirnicht...«

Danach ist es wieder still und ich weiß, ich kann die Sache vergessen, Antworten hören sich anders an. Das einzige, was Mama und Papa mir auftischen, sind Ausreden, und auf die kann ich auch gut verzichten. Also drehe ich mich zur Wand, brumme: »Ich will jetzt schlafen.« Warte, bis sie ihre Seufzer und Besserungswünsche und Schlafguts losgeworden sind. Warte noch immer, als das Legohaus schon wieder im Regal steht, ich ihre Blicke aber noch auf meinem Hinterkopf spüre. Und ziehe, als sie endlich aus dem Zimmer verschwunden sind, die Zettel unter meinem Bett hervor.

Eins von Josefines Gedichten geht noch. Wenn es nicht schon wieder ein trauriges ist.

Selbsterkenntnis

Ich –
Wie ich es auch
drehe und wende
eindeutig das:

Zwei Arme
zwei Beine
Hände und Füße
der Rumpf das
Geschlecht

Nur was den
Kopf betrifft
bin ich manchmal
mit mir
uneins

11

Am Dienstag hat Mama irgendwelche beruflichen Termine und ich hab das Haus für mich. Gut für Mathe (zumindest theoretisch), schlecht für mich (zumindest praktisch). Weil mich nämlich ein leeres Haus noch mehr von dem ablenkt, was ich eigentlich machen müsste (also Mathe) und für das nun echt mal die Gelegenheit gekommen wäre, weil meine Mandeln kaum noch wehtun und der Kopf überhaupt nicht mehr. Aber wo niemand außer einem selbst ist, ist man eben umso mehr *mit* sich selbst beziehungsweise mit seinem nicht mehr wehtuenden Kopf. Dem Kopf, mit dem ich im Moment nicht nur *uneins* bin, so wie Josefine mit ihrem, sondern in dem gerade mindestens zehn verschiedene Maltes wohnen, die alle was Unterschiedliches wollen.

Nur einer von ihnen will Mathe, obwohl ich jetzt schon seit Ewigkeiten am Schreibtisch sitze.

Ein anderer ist sauer auf Mama und Papa und würde ihnen am liebsten Tapetenkleister auf dem Bett verteilen oder Juckpulver oder alles beides.

Ein dritter will, dass sie da sind, ihn in den Arm nehmen und ihm sagen, dass alles Doofe, was sie gemacht haben, gar nicht stimmt, Josefine hätte sich da nur was ausgedacht.

Ein vierter will, dass Lale sich noch mal bei ihm meldet.

Zugegeben, der fünfte und der sechste wollen das auch.

Der siebte tippt sich an die Stirn und lacht: *Glaubst du schon wieder, sie fände dich nett?*

Der achte will raus und Leute treffen, am liebsten Kolja, aber Mats und Philipp gingen auch, nur sitzen sie ja alle drei in der Schule, der neunte erinnert sich außerdem daran, dass Kolja neuerdings viel mehr an Josefine interessiert ist als an ihm, der zehnte fragt noch immer: *Warum haben sie das gemacht?*

»Aaaargh!«, rufe ich so laut, dass mir die Mandeln doch wieder wehtun und es vermutlich bis in den Keller zu hören ist, was bei einem leeren Haus natürlich völlig wurscht ist. Das leere Haus schweigt auch dementsprechend zurück. Da stehe ich vom Schreibtisch auf, Hauptsache nicht mehr rumsitzen und nichts auf die Reihe kriegen. Und weil der *Warum*-Malte in meinem Kopf im selben Moment am lautesten ist, beschließe ich einfach, auf eigene Faust nach Antworten zu suchen. Wenn meine Eltern sie mir schon nicht selbst geben. Und wo auch dafür die Gelegenheit gerade geeignet ist. Jedenfalls hab ich, als ich zu Mamas Arbeitszimmer runterlaufe, nicht halb so viele Bedenken wie neulich, als ich mich in Josefines Zimmer geschlichen hab. Keine, als ich meinen Blick über die Regalfächer wandern lasse, keine, als ich vorsichtig die Schreibtischschubladen öffne.

Das Problem ist nur: Ich hab bloß deshalb keine Bedenken, weil ich weiß, dass dort eh nichts zu holen ist. In Mamas Arbeitszimmer sind Mamas Arbeitssachen, nicht mehr und nicht weniger. Bücher. Ordner mit Verträgen. Steuerunterlagen. Büromaterial. Der Computer mit ihren Übersetzungen. Geheimes gibt es da nicht, so viel ist sicher, schließlich hat sie mich schon tausendmal in ihr Zimmer geschickt, um ihr irgendwas in die Küche oder ins Wohnzimmer zu bringen, eine Mappe, ihr Adressbuch, Tesafilm oder Ähnliches.

Darüber hinaus könnte ich nicht mal sagen, wonach ich eigentlich suche. Nach einem Infozettel, auf dem zufällig haargenau erklärt steht, warum sie sich ausgerechnet einen Mann mit Frau und Kind geschnappt hat, obwohl es bestimmt genug andere gegeben hätte, die nett und interessant waren?

Nach einem Tagebuch? Oder nach Gedichten wie denen von Josefine? Bestimmt nicht!

Eine Weile sehe ich mich noch um, dann tappe ich zurück in den Flur und bleibe unschlüssig stehen.

Natürlich könnte ich mir jetzt auch noch Mamas und Papas Schlafzimmer vorknöpfen, aber auch das kenne ich in- und auswendig. Nicht mal die Kartons mit privaten Sachen, die Papa aus dem Kellerraum geräumt hat, bevor Josefine darin eingezogen ist, erscheinen mir vielversprechend. Weil, meine Eltern haben es geschafft, mir zwölf, fast dreizehn Jahre lang eine Unwahrheit aufzutischen. Da lassen sie doch nichts Verdächtiges rumliegen!

»Was hast du denn erwartet, du Superdetektiv?«, sage ich zu mir selbst. Im nächsten Augenblick zucke ich zusammen, denn direkt neben mir, auf der anderen Seite der Haustür, höre ich einen Schlüssel klimpern. Und ehe ich auch nur einen einzigen Schritt die Treppe hinauf machen kann, schwingt die Tür auf und Josefine steht vor mir.

»Was machst du hier mitten im Hausflur?«, fragt sie.

»Was machst du hier?«, frage ich zurück, denn immerhin ist es Vormittag und sie hat im Gegensatz zu mir keine Krankschreibung.

»Meinen kleinen Bruder besuchen.«

Bruder, sagt sie. Nicht Halbbruder. Und bis ich das auf die Reihe kriege, ist es schon zu spät, um irgendwas übers Schuleschwänzen zu sagen.

»Bist du vollkommen gaga?« Josefine klatscht mir mein Telefon auf den Oberschenkel. »Wieso schreibst du ihr nicht zurück?«

»Ich hab ihr doch zurückgeschrieben«, verteidige ich mich.

Sie schnaubt und haut mir auch noch ein Kissen auf den Kopf. »Ein klitzekleines Danke, nachdem sie euren Kontakt ganz allein in die Hand genommen hat? Das steht doch in keinem Verhältnis!«

Wir haben es uns im Krankenlager auf dem Sofa gemütlich gemacht, Kissen, Decken, die ganze kuschelige Mamahöhle, die ich bis jetzt noch keine Sekunde genutzt hab, und Josefine hat gefragt, was so geht. Und weil sie nun extra wegen mir nach Hause gekommen ist (und vielleicht auch darum, weil es in der Schule mal wieder nicht so spannend war), hab ich ihr von Lale erzählt. Beziehungsweise von Lales Nachricht. Dass ich deswegen gleich verkloppt und gedisst werden würde, hab ich allerdings nicht kommen sehen, sonst hätte ich mir die Sache vielleicht noch mal überlegt. Andererseits kennt Josefine sich mit Mädchen besser aus als ich – wo sie schließlich selbst eins ist. Und da kann ich mir schon anhören, was sie zu der Sache zu sagen hat.

»Meinst du denn, ich soll mich jetzt noch mal bei ihr melden?«, frage ich und lege das Prügelkissen sicherheitshalber neben mir auf die Armlehne. »Nachdem ich ihr schon dieses *Danke* geschickt hab?«

»Und ob ich das meine.«

»Ja, aber ... findet sie das dann nicht komisch?«

Josefine seufzt. »Solche Skrupel müsste mal dein Kumpel Kolja haben!«

Ich schiele zu ihr rüber.

Sie schielt zurück. »Soll heißen, nein, sie findet es mit neunundneunzigprozentiger Wahrscheinlichkeit nicht komisch, sondern freut sich. Und falls das gefürchtete eine Prozent eintritt, schreibt sie einfach nicht mehr zurück, und gut ist.«

Eine Weile muss ich darüber nachdenken, ob es (von Josefines stümperhafter Prozentdarstellung von Wahrscheinlichkeiten mal abgesehen) wirklich so einfach ist ... so einfach sein kann. Ich hab da eher meine Zweifel. »Und was soll ich ihr schreiben?«, frage ich trotzdem weiter.

»Weiß ich doch nicht! Irgendwas, das sie interessieren könnte. Noch besser: Stell ihr Fragen.«

Bei der Vorstellung wird mir ernsthaft mulmig zumute. Weil, dass man sich beim Fragenstellen total doof anstellen und entsprechend blamieren kann, hat garantiert eine höhere Wahrscheinlichkeit als 0,01. Und ob es wirklich *gut* ist, wenn Lale dann einfach nicht mehr zurückschreibt, weiß ich erst recht nicht. Oder ob nicht eher ziemlich *scheiße*. Darum würde ich mich am liebsten noch erkundigen, welche Fragen denn geeignet wären, aber ich lasse es bleiben. Josefine hat schließlich schon gesagt, dass sie nicht weiß, was ich schreiben soll. Sie kennt Lale ja gar nicht, und selbst wenn sie sie kennen würde, könnte sie mir das nicht abnehmen. Ausdenken muss ich mir schon selbst was, fürchte ich. Nur nicht jetzt, noch nicht, nicht in diesem Augenblick, während Josefine neben mir sitzt.

»Was macht Kolja denn?«, frage ich, um das Thema zu wechseln. »Wenn du meinst, dass er keine Skrupel hat?«

Josefine winkt ab. »Nichts Schlimmes. Nur rumnerven und mich anbaggern.«

»Schwänzt du deshalb schon wieder die Schule? Du machst das doch nicht ernsthaft wegen mir!«

Darauf erwidert sie nichts. Sie zupft nur ihre Decke zurecht und guckt aus dem Fenster. Doch als ich ihrem Blick folge, ist draußen überhaupt nichts Interessantes zu sehen, bloß das Schilf auf der Terrasse, das sich leicht im Wind bewegt, und mal wieder grauer Himmel, aus dem es jede Sekunde losregnen kann.

»Josefine?«

Sie rührt sich nicht.

»Hab ich was Falsches gesagt?«

»Nein.«

»Was ist denn dann?«

»Nichts.« Plötzlich dreht sie sich zu mir um. »Ich muss nur schon den ganzen Vormittag an meine Mutter denken. Und ich sag dir, dann kann man's auch sein lassen mit dem Unterricht.«

Damit hab ich nicht gerechnet und darauf fällt mir auch nichts ein. Ich meine, klar. Kann man sich ja denken, wie blöd es sein muss, wenn die eigene Mutter wochenlang in der Reha ist und man selbst irgendwo, wo man gar nicht sein möchte. Blöd und ungewohnt und bestimmt auch ein bisschen einsam. Und dann die Sache mit dem Krebs, der vielleicht genetisch bedingt ist oder durch Kummer oder irgendwas anderes und sich so oder so hinterhältig *in dein Fleisch beißt.* Aber Josefine wirkt trotzdem nicht wie eine, die Heimweh nach ihrer Mama hat. Oder nach irgendwem.

»Samstag fahr ich sie in der Klinik besuchen«, sagt sie. »Mit dem Quer-durchs-Land-Ticket.«

Mir fällt immer noch nichts ein, außer: »Ist das mit Papa abgesprochen?«

Sie seufzt. »Ja, es ist mit *Papa* abgesprochen. Morgens hin, abends zurück.«

Ich nicke. Und dann, plötzlich, kommt mir ein Gedanke. Er ist leise und unklar, fast wie ein Flüstern in einem Raum voller lauter Stimmen, aber als mein Kopf ihn endlich versteht, merke ich, dass der Rest von mir ihn schon längst gehört hat. Jede meiner Zellen glüht, im Gesicht, im Bauch, in der Brust, und als ich rufe: »Kann ich mitkommen?!«, ist das weniger eine Frage, sondern die dringliche Bitte, dort nach einer Antwort suchen zu dürfen, wo man auch eine bekommen kann.

Ich brauche den ganzen Nachmittag, aber gegen kurz vor sieben hab ich was. *Welche ist eigentlich deine Lieblingszahl?*

Im selben Moment, in dem ich die Nachricht abschicke, wird mir übel. Was hab ich getan?

Schnell wechsle ich den Kontakt, lese, was Mats und Philipp in unsere Dreiergruppe gestellt haben, tippe selbst ein paar Sätze: *Hals besser. Fieber weg. Was macht das Game?*

Außerdem checke ich Koljas Nachricht: *Immer noch krank?*, und da fällt mir ein, dass ich ihn nach seinem Anruf am Sonntag nicht zurückgerufen hab. Ich hab es einfach vergessen.

Ja, schreibe ich zurück, *Angina, ist aber schon viel besser,* und während ich noch texte, fällt mir ein, dass er Josefine heute in der Schule angebaggert hat. Darum bin ich auch misstrauisch, als kurz darauf eine neue

Nachricht reinschneit, eine, in der er nach Mathe fragt und ob ich gut vorankäme. Woher soll ich wissen, ob er das wirklich wissen will oder ob er wieder nur einen Grund sucht, um hier anzurufen?

Alles okay, lüge ich, und was er darauf erwidert, kann ich nicht mal mehr lesen, denn gleichzeitig mit seiner taucht eine andere Antwort auf dem Display auf und mein Herz rast los wie ein durchgegangener Gaul. Schon im Augenwinkel sehe ich, dass sie freundlich ist, diese andere Antwort, kein Nerv-mich-nicht! oder Bagger-mich-nicht-an! oder dergleichen, sondern etwas, das einfach nur mit der Frage zu tun hat, die ich Lale gestellt hab.

Die Elf. Und deine?

Die Acht, schreibe ich, diesmal ganz ohne zu zögern.

Oh, schön! kommt es sofort zurück. *Was magst du an ihr?*

Mein Herz nimmt wahrscheinlich Schaden, in solchem Galopp pocht es in meiner Brust. Wie soll ich ihr das erklären?

Die Achsensymmetrie, versuche ich's. *Und dass sie an das Unendlichkeitszeichen erinnert. Dabei mochte ich die Unendlichkeit zuerst überhaupt nicht, weil sie so schwer zu begreifen ist. Jetzt mag ich sie schon, trotz allem. Aber die Acht mag ich noch lieber.*

Und zack: *Verstehe.*

Sie versteht es!

Was gefällt dir an der Elf?

Diesmal muss ich warten. Zehn Sekunden, zwanzig, eine Minute. Dann!

Die Elf, das sind zwei Leute. Einer stolpert ein bisschen unsicher hinter dem anderen her. Da bleibt der Vordere stehen, dreht sich zu dem Hinteren um und streckt ihm seine Hände entgegen. Und sie werden ein M (wie miteinander).

Der Herzgaul geht schon wieder durch. Zwei Leute, die sich an den Händen halten. Wenn ich das geahnt hätte, hätte ich besser nicht gefragt. Denn wie reagiert man, bitte, auf so was? Noch bevor mir die geringste Idee kommt, was ich antworten könnte, leuchtet das Telefon schon wieder auf.

Ich hätte auch schreiben können: Weil die Elf die kleinste zweistellige Primzahl ist. Aber das ist nicht der Grund. Und ich bin keine, die anderen was vormacht.

Meine Finger zittern, während ich tippe: *Der andere Grund ist auch schöner*, und als ein Smiley zurückkommt, fühlt es sich an, als müsste ich mich vor Aufregung übergeben.

Übrigens bietet uns Zerhusen am Donnerstag nach der Sechsten wieder an, ihm Fragen zu stellen, schreibt sie weiter. *Bist du bis dahin zurück in der Schule?*

Auch wenn noch nicht ganz klar ist, wie es mir bis Donnerstag geht, schreibe ich, gegen den Brechreiz ankämpfend: *Glaub, ja*, und sie: *Super!*, und dann verabschieden wir uns mit dem Winke-Emoji.

Hinterher hocke ich mich auf den Fußboden und stelle mir vor, um mich herum wäre mit einem großen Zirkel ein Kreis in den Teppichboden gezogen, der mich vor Störungen schützt. An der Kreislinie würde einfach alles abprallen.

Aber natürlich gibt es diesen Kreis nicht wirklich, und als Mama von unten »Abendbrot!« ruft, dringt ihre Stimme ganz normal zu mir durch.

Immerhin muss ich nicht antworten, immerhin kann ich noch ein kleines Weilchen hocken bleiben und schweigen. Dann, Sekunden oder Minuten oder Stunden später, rapple ich mich auf, ohne meine Füße umzusetzen, bleibe noch drei Atemzüge auf dem Kreismittelpunkt stehen, der jetzt nur noch ein normales Stück Teppich ist, bevor ich einen großen Schritt mache und antworte, dass ich komme.

12

Sie wollen es nicht. Sie wollen weder, dass ich am Donnerstag schon wieder zur Schule gehe (Mama: »So ein Infekt ist kein Kinkerlitzchen, dafür wird Herr Zerhusen sicher Verständnis haben!«), noch dass ich am Samstag mit Josefine zu ihrer Mutter fahre (Papa: »Streptokokken in eine Rehaklinik einschleppen geht schon mal gar nicht!«).

Wobei der Donnerstag vermutlich eher mit dem Samstag zu tun hat als mit sich selbst beziehungsweise der Schule und Zerhusen. Denn wenn ich da schon wieder unter Leute gehen könnte, kann ich es zwei Tage später logischerweise erst recht, und darin scheint das Problem zu liegen. Da nützt es gar nichts, dass ich wiederhole, was Doktor Stanbusch gesagt hat: »Vierundzwanzig Stunden nach Beginn der Antibiotikatherapie keine Ansteckungsgefahr mehr.« Oder dass ich mehr als einmal beteuere, wie gesund ich mich schon wieder fühle. Es kann auch gar nichts nützen, weil es überhaupt nicht um meine Angina geht (oder um eine entsprechende Ansteckungsgefahr), sondern weil meine Eltern neuerdings zu allem, was ich sage, diese Blicke tauschen … diese *misstraui-schen* Blicke, als würde sich hinter meinen Worten noch was anderes befinden. Etwas, das ihnen unbequem ist, weil es an etwas kratzt, worüber sie nicht reden wollen.

Auch am Mittwoch stellen sie sich quer, da will Mama mir dauernd in den Hals gucken, obwohl der nun überhaupt nicht mehr schmerzt, und Papa redet irgendwas darüber, dass Josefines Mutter sich von ihrer schweren Erkrankung erholen muss und ich sie nicht einfach überfallen darf. »Das regt sie doch nur auf, wenn du Josefine begleitest«, sagt er. »Verstehst du, Malte?«

»Nein!«, sage ich.

Papa seufzt.

»Ihr versteht ja auch nichts«, füge ich hinzu und stampfe in mein Zimmer, weil alles andere sinnlos ist.

Aber als Papa nach dem Abendbrot damit anfängt, dass er, wenn es mir tatsächlich schon wieder so gut geht, am Samstag endlich mal wieder einen Ausflug mit mir machen könnte, Museum zum Beispiel oder bei gutem Wetter was draußen, mischt sich plötzlich Josefine ein.

»Melanie erwartet uns«, sagt sie, schon mit einem Fuß aus dem Wohnzimmer. »Also: Malte und mich zusammen. Sie freut sich, meinen Bruder kennenzulernen.«

Mama, die gerade die Teller zusammenstellt, fährt herum. »Soll das heißen, du hast ohne unsere Zustimmung mit deiner Mutter ausgemacht, dass Malte …« Ehe sie den Satz zu Ende bringen kann, ist Josefine verschwunden. Mama hält kurz inne, dann dreht sie sich weiter in meine Richtung. »Hast du davon gewusst?«

»Nein«, antworte ich wahrheitsgemäß.

»Christian?!«

»Phhhhh.« Papa bläht die Wangen auf und lässt die Luft langsam zwischen den Lippen entweichen.

Dann schweigen sie, und mir wird klar, dass hier gerade genau das passiert, wovor sie sich gefürchtet haben, auch wenn sie natürlich nicht wissen konnten, was genau es sein würde: dass sie die Kontrolle verlieren, dass sie zusehen müssen, wie die Dinge ohne sie geschehen, Dinge, die früher nur ihre eigene Angelegenheit waren und die jetzt allen gehören.

»Aber morgen bleibst du noch zu Hause, Malte!«, sagt Mama schließlich, als würde das in der Sache irgendeinen Unterschied machen. Doch weil es das nicht tut und sie das auch ganz genau weiß, so hilflos wie sie mit einem Mal aussieht, erspare ich uns weitere Diskussionen und verzichte eben auf den Schuldonnerstag.

Trotzdem ist es blöd, noch länger zu Hause rumzuhängen, gerade an einem Tag, an dem ich Lale hätte treffen sollen. Das Haus ist blöd, mein Zimmer, mein Schreibtisch, an den ich mich jede Viertelstunde setze und vergeblich versuche voranzukommen, dieses ganze Warten und Nichtstun und Verworrene-Gedanken-Denken – ich hasse es. Nicht mal auf Star Trek hab ich Lust, darauf, mir heimlich das Western-Game runterzuladen, oder auf mein Telefon und WhatsApp und alles, was soll ich mit Leuten reden, die dann doch nicht da sind.

Früher, da hatte ich das nicht. Dass mir andere gefehlt haben. Aber da hatte ich natürlich die Zahlen.

Und Mama und Papa.

Dann sitze ich wieder mit Josefines Zetteln da, die spinnt doch, solche Sachen zu schreiben, Sachen, von denen ich echt schlucken muss und manchmal grinsen und manchmal mit den Augen zwinkern. Das dürfte echt keiner sehen – Malte Ripken liest Gedichte!

Steppendrachin

Klein und ledern weißt du ihr Ei
zwischen den Gräsern liegen
und obwohl du hoffst
sie wird sich nach ihm umdrehen
und jeden der ihm zu nahe kommt
mit ihren Klauen packen

ahnst du es muss doch
anders sein.
Sie zollt der Steppe Tribut
in Form ihres Mitleids
und gibt nichts weiter als die Stärke
aus der sie gemacht ist
und fortbesteht in dem
der es alleine schafft.

Als ich alle durch hab, bin ich so in Schwung, dass ich mir Papier und einen Kuli vom Schreibtisch hole (Was die Ullrich wohl dazu sagen würde?) und kritzle:

Du stemmst Gewichte
und schreibst Gedichte
und das echt
nicht schlecht,
Frau Specht!
Sehr viel kruder
macht's dein

Ich überlege. *Halbbruder* passt nicht, das holpert. Und weil ich mir, was *Bruder* betrifft, nicht hundertpro sicher bin, streiche ich einfach die letzten beiden Zeilen durch und schreibe stattdessen:

Doch, siehst du, ich
kann's leider nich'.

Wobei es eigentlich auch egal ist, ob so oder so. Josefine kriegt mein Geschreibsel sowieso nicht zu sehen, die würde sich ja kaputtlachen. Und sonst erst recht keiner. Ich kann's eigentlich gleich zerreißen und in die Tonne kloppen oder vielmehr in den Papierkorb.

Später gucke ich doch aufs Telefon, und sie hat sich wieder gemeldet, also Lale. Nachdem sie bei Mathe war, aber zum ersten Mal bekomme ich beim Lesen ihrer Nachricht kein gutes Gefühl. Im Gegenteil, in meinem Bauch krampft es sich richtig zusammen, als bei mir ankommt, was sie mir da mitteilt.

Schade, dass du heute doch nicht gekommen bist. Immer noch krank? (Oder renoviert ihr wieder ☺ ?) Jedenfalls hatte ich unfreiwillig eine Privatstunde bei Zerhusen, sozusagen ein Personal Training mit allem Pipapo. Urgs, aaaanstrengend!

Ich meine, wie bescheuert ist das denn? Lale von der IGS hatte eine Privatstunde bei Zerhusen. Bei meinem Zerhusen, der mich schon in der Fünften den Mathekopf der Schule genannt und in seinen Matheclub eingeladen hat und der mich seit dem letzten Jahr Runde um

Runde durch die Olympiade begleitet. Und zwar damit ich in meiner Altersstufe gewinne, nicht, damit er auf den letzten Metern plötzlich für eine andere ist und ihr die entscheidenden Tipps gibt ...

... während ich in meinem Zimmer hocke und blöde Reime schreibe, wohlgemerkt.

Und Mats und Philipp wollen wissen, was mit mir am Wochenende ist, die Schlafparty würde am Samstag steigen, ob ich nun komme oder nicht. Und obwohl ich in den letzten Tagen insgesamt keine zehn Sekunden an diese Verabredung gedacht hab, finde ich es jetzt, wo ich was anderes vorhab, ziemlich ungünstig, nicht hingehen zu können. Denn wahrscheinlich sind die beiden hinterher richtig dicke Freunde, und ich bin immer noch so ein Halbfreund oder nicht mal mehr das, und dann steh ich in den Pausen bald ganz allein rum.

Alles doof, doof, doof.

Und weil ich nicht weiß, was ich antworten soll, tue ich es nicht, weder Lale noch den Jungs, sondern setze mich zum hundertsten Mal an diesem Tag an den Schreibtisch.

Heute Abend und morgen: Mathe und nichts anderes. Das muss jetzt einfach mal klappen. Und danach ist Samstag und es passiert endlich wieder was.

Was auch immer.

Uff.

13

Erst Donnerstagabend, dann Freitag, und obwohl es mit Mathe nicht ganz so läuft, wie ich mir das vorgestellt hab, und obwohl ich irgendwann doch meine Nachrichten beantworte, aber wahrscheinlich nicht so, wie die *anderen* sich das vorgestellt haben, wird es tatsächlich auch Samstag.

Wir müssen früh raus, Josefine und ich, und Papa fährt uns zum Bahnhof, aber man kann sehen, dass er es nicht gerne tut.

»Hast du dir auch gut überlegt, ob du das wirklich willst, Malte?«, fragt er an einer roten Ampel und wirft mir im Rückspiegel einen prüfenden Blick zu. »Du weißt, dass du nicht mitfahren *musst*, nicht wahr? Ganz egal, was vereinbart ist. Ist ja kein Geheimnis, dass im Moment vieles ein bisschen schwierig ist, für jeden einzelnen von uns. Aber sich dann auch noch in die Probleme anderer reinzuhängen, braucht sich nun wirklich keiner anzutun, das ist …«

»Ich hab es mir überlegt«, sage ich.

Die Ampel springt um und Papa fährt mit einem Ruck an.

»Holla!«, bemerkt Josefine auf dem Beifahrersitz.

Den Rest der Fahrt sagt keiner mehr was, erst als wir auf dem zugigen Stop-and-Go-Parkplatz stehen und Josefine unsere Rucksäcke aus dem Kofferraum holt, nimmt Papa mich beiseite.

»Ich weiß, dass es ein Fehler war, Malte«, sagt er leise. »Mama und ich hätten offener mit dir reden sollen, darüber haben wir noch gestern Abend im Bett gesprochen. Wir hätten dir wirklich alles sagen sollen, was du gerne wissen möchtest. Von früher, du weißt schon. Komm wieder mit nach Hause, dann holen wir das nach. Ganz ungestört und gemütlich. Und Josefine kann in aller Ruhe ihre Mutter besuchen.«

Ich schiele zu ihm hoch. Er lächelt mich an und gibt mir einen kleinen Knuff, aber in seinen Augen flackert was, das nicht dazu passt, etwas, das aussieht wie ... Angst vielleicht. Und obwohl ich auf einmal nichts lieber möchte, als mit Mama und Papa in der Küche zu sitzen, Kakao zu trinken und von *ihnen* zu hören, was es über das bereits Gesagte hinaus zu hören gibt, weiß ich, dass es kein Zurück gibt. Denn wenn Papa vor irgendwas bange ist, das Josefines Mutter mir erzählen könnte, wie kann ich da sicher sein, dass Mama und er mir wirklich die ganze Wahrheit sagen würden?

Die rohe, lückenlose, ungeschönte Wahrheit?

»Ich möchte sie gerne besuchen«, murmle ich, und weil der Wind mir nun wirklich an den Haaren reißt, ziehe ich meine Hoodie-Kapuze, die aus der Jacke baumelt, über, genau wie meine Halbschwester es immer tut.

Stille. Papa, der ins Leere guckt, vielleicht auch in eine Pfütze. Dann ein Räuspern hinter mir und Josefines Stimme, die sagt: »Unser Zug fährt gleich.«

»Komme«, erwidere ich.

Für den Bruchteil einer Sekunde verzieht Papa das Gesicht. Im nächsten Moment lächelt er noch mal zu mir runter. »Mach's gut, Boss«, sagt er. »Bis heute Abend.« Josefine nickt er nur zu.

Obwohl die Strecke nicht über die Maßen lang ist, müssen wir zweimal umsteigen, weil die Rehaklinik in einer echten Winzstadt liegt beziehungsweise außerhalb einer echten Winzstadt, was noch schlimmer ist, weil wir nach einem Regionalexpress und zwei dubiosen Dieselzügen auch noch den Bus nehmen müssen. Und mit jedem Kilometer, den wir durch die Gegend tuckern, frage ich mich ein bisschen mehr, was ich hier eigentlich tue beziehungsweise was ich mir antue, wie Papa es nennt.

Josefine hingegen scheint mit jedem Kilometer bessere Laune zu kriegen, sie quatscht und lacht, über Leute in der Schule, vor allem über die Mädchen aus ihrer Klasse, die so brav sind, dass ihnen schon fast Heiligenscheine wachsen, aber auch über Bücher, die sie gelesen hat, und über Filme, allem voran Horrorfilme und Kung-Fu, und dann erzählt sie mir, dass sie schon mit sieben verschiedenen Jungs geknutscht und mit zweien davon mehr gemacht hat, die aber, wie sich jeweils herausstellte, liebesmäßig alle nichts taugten.

Als wir zuletzt eine ziemlich steile Straße hochfahren, die direkt auf einen Wald zuführt, ist mir so mulmig, dass ich gar nichts mehr sagen kann, während Josefine ununterbrochen weiterredet. Und da wird mir auf einmal klar, dass sie sich gar nicht nur freut, sondern auch aufgeregt ist. Vielleicht sogar in erster Linie. Hibbeljosefine.

Als der Bus unterhalb von einigen am Waldrand hingewürfelten Gebäuden hält, die offenbar die Klinik darstellen, ist sie jedenfalls richtig hektisch, und noch ehe die Hydrauliktüren zischen, springt sie von ihrem Sitz und schmeißt sich den Rucksack auf den Rücken, dabei ist es die Endstation und wir könnten in aller Ruhe aussteigen.

Draußen schlägt uns kalte Luft entgegen, viel klarer als in der Stadt, und der Wind fühlt sich an wie Wind, nicht wie so ein fieser Durchzug. Durch die Bäume fährt ein Rauschen, meine Nase prickelt ein bisschen, und ich bekomme richtig Lust, nach der langen Fahrt erst mal in den Wald zu gehen, ein bisschen durchs Unterholz zu stapfen und vielleicht ein paar morsche Stöcke zu zerhauen.

Aber Josefine scheint keinen Sinn für all das zu haben. »Haus E!«, verkündet sie und geht mit so flotten Schritten die Klinikauffahrt hoch, dass ich mich anstrengen muss hinterherzukommen. Ohne Umschweife suchen wir das Gebäude und, nachdem wir es gefunden haben, Zimmer 18, wir klopfen und stehen plötzlich vor einer zierlichen Frau mit einem geblümten Tuch um den Schädel. Sie trägt eine Jogginghose, die um ihre Beine schlabbert, und eine graue Strickjacke, und nie im Leben wär ich von selbst draufgekommen, dass dies hier Josefines Mutter sein könnte. Nicht, dass ich sie mir vorher vorgestellt hab. Ich weiß ja auch kaum was über sie, außer dass sie Briefträgerin ist und fünf Jahre älter als Mama. Aber *hätte* ich sie mir vorgestellt, wäre das Ergebnis ein anderes gewesen, größer und stärker und mürrischer, wie Josefine eben, nur weiß ich natürlich nicht, was von ihrem etwas wackeligen Aussehen mit dem Krebs zu tun hat und was immer so ist, wie es ist.

»Hallo, ich bin Melanie.« Ihr Gesicht schiebt sich lächelnd in mein Gestarre hinein und ich wende schnell den Blick ab. »Und du bist also Malte! Ich hab schon gehört, dass du ein echt guter Mathematiker bist.« Sie gibt mir die Hand und dreht sich danach zu Josefine weiter. »Hallo, meine Liebe«, höre ich sie sagen, und als ich zu den beiden rüberlinse und sehe, wie sie sich drücken, hab ich doch das Gefühl, dass da einiges an Kraft im Spiel ist ... insgesamt, meine ich, nicht nur auf Josefines Seite.

Dann bittet ihre Mutter uns ins Zimmer, das eigentlich ein Doppelzimmer ist, im Moment aber von ihr allein bewohnt wird. Was eine sinnvolle Sache ist, denn überall – auf dem freien Bett, den Sesseln, dem Couchtischchen, den Regalen – liegen Sachen rum: Bücher, Notizblöcke und Stifte, zerknautschte Kleidungsstücke, jede Menge Äpfel und Mandarinen und braun gesprenkelte Bananen, dazwischen Cremetuben und Röhrchen mit Vitamintabletten, ein angefangenes Strickzeug, halb runtergebrannte Kerzenstumpen auf Untertassen, mehrere Tassen, in denen gebrauchte Teebeutel festkleben, ein mit Stickern tapeziertes Tablet und eine Boombox, dazu mindestens sechs verschiedene Ladekabel, und auf dem Nachttisch steht ein gerahmtes Foto von Josefine.

»Ich weiß, hier sieht's übel aus«, bemerkt Melanie in meine Richtung gewandt, und da wird mir klar, dass ich schon wieder vor mich hin starre.

»Nein, nein«, murmle ich, aber sie lacht nur und sagt, bitte keine falsche Höflichkeit, sie wüsste selbst, was Sache ist. Und wir sollten es uns gemütlich machen, bestimmt hätten wir Hunger, sie hätte extra das Mittagessen ausfallen lassen, damit wir zusammen Pizza bestellen könnten.

»Geil!« Josefine nimmt ein Buch von einem der Polsterstühle und lässt sich darauf plumpsen. »Stell dir vor, Mama, ich hab seit zwei Wochen fast nichts Ungesundes gekriegt.«

»Das kann ich mir denken.« Melanie lacht wieder und holt einen Prospekt aus der Nachttischschublade. »Na, dann machen wir es uns mal nett«, verkündet sie. »Du magst doch auch sicher Pizza, Malte?« Und als sie mir diesmal ins Gesicht lächelt, gucke ich nicht weg.

Später sitzen wir dann zusammen um den kleinen Couchtisch, in einer Geruchswolke aus geschmolzenem Käse, Knoblauch und Thunfisch, und Josefine erzählt kauend und Fäden ziehend von allem, was sie in letzter Zeit erlebt hat, vom Training mit den Hanteln, die in ihrem Zimmer rumliegen (»Muss ja zu irgendwas gut sein, das Kellerkind zu sein!«), von einem Gedicht, das sie wohl in der letzten Nacht geschrieben hat, weswegen sie nur fünf Stunden Schlaf hatte (»Kennste noch nicht,

Malte!«), von der Schule und der Eckert (»die echt einen an der Waffel hat«), von Kolja (»Maltes komischem Mathefreund«), der übel in sie verknallt wäre und ihr ständig in der Pause hinterherlaufen würde, während ihr die meisten anderen eher aus dem Weg gehen, aus Angst oder weil sie sich von ihr abgestoßen fühlen, und von den Momenten, in denen sie auf ihrer Schlafcouch hockt, während der Regen in den Lichtschacht pladdert, und sie einfach nicht begreift, wie sie an den falschesten Platz der Welt gelangen konnte, nämlich zu diesem Loser von Vater und seiner Bitch.

Melanie hört zu und lacht und seufzt und wischt sich einmal auch eine Träne von den Wimpern, und ich hör auch zu und denk mir, das ist verrückt, was man seiner Mutter alles sagen kann. Sachen, die man sonst nicht mal seinen Freunden erzählt, jedenfalls nicht ich, sofern man bei mir überhaupt von Freunden sprechen kann. Sachen, die man nur denkt und manchmal nicht mal das. Und noch verrückter ist es, als dann Melanie anfängt zu berichten und auch das sich überhaupt nicht so anhört, wie Mütter normalerweise mit ihren Kindern sprechen: wie es so ist in der Reha und welche seltsamen Behandlungen sie über sich ergehen lassen muss, welche Ärzte eine Vollmeise haben und welche okay sind und dass die Narben gut verheilen, sich ihre Brüste aber immer noch anfühlen wie zwei Fremdkörper (die sie ja nun leider auch sind). Oder dass sie nicht mehr kotzen muss und ganz langsam auch wieder anfängt zuzunehmen, ihre ehemalige Zimmernachbarin aber noch bis zu ihrer Entlassung mit den Nebenwirkungen der Chemo gekämpft und jede Nacht Panikattacken bekommen hat, weil sie so Angst vor einem Rezidiv gehabt hätte. Was sie, Melanie, wiederum völlig irre gemacht und fast selbst in die Paranoia getrieben hat, sodass sie das Zimmer nun erst mal für sich allein behalten darf.

Ich hocke schweigend da, esse meine Pizza, und irgendwie ist mir das alles ziemlich peinlich. Ein bisschen muss ich auch an Mama denken, die mir im Leben nichts über ihre Brüste erzählen würde oder über irgendwelche Panikattacken, sondern die immer nur mehr oder weniger freundliche Muttersachen zu mir sagt, auch wenn ich die im Moment überhaupt nicht hören will.

Aber dann sind die Pizzakartons bis auf ein paar liegen gelassene Kanten leer, und Melanie fragt, ob wir lieber Tee oder Kaffee haben wollen, sie würde uns was vom Automaten holen.

»Kaffee!«, sagt Josefine, obwohl ich sie bei uns noch nie welchen hab trinken sehen, aber sonst schläft sie vielleicht auch mehr als fünf Stunden, und ich sage meinerseits: »Tee«, weil es mir auch zu peinlich ist, nach

Kakao zu fragen, und Melanie schlurft sehr langsam aus dem Zimmer.

»Und?«, fragt Josefine, kaum dass die Tür hinter ihr zugeklappt ist. »Wie findest du sie?«

»Nett«, sage ich, und weil Josefine ein Gesicht macht, das sofort klarstellt, was *nett* für eine nichtssagende Antwort ist, füge ich hinzu: »Richtig cool für eine Mutter.«

Das lässt sie durchgehen. »Nicht nur für eine Mutter.« Sie legt den Kopf schief. »Selbst schuld, wer so eine Frau verlässt.«

Darauf fällt mir nichts ein. Aber das muss es auch nicht, denn Josefine steht plötzlich von ihrem Sessel auf. »Ich fange sie ab und trink meinen Kaffee draußen«, sagt sie. Und, als sie schon fast im Gang ist: »Sprich jetzt mit ihr. Du willst doch irgendwas von ihr wissen oder wofür bist du sonst mitgekommen, he?«

Dann sitze ich mit Melanie zusammen und schlürfe in einem fort Tee, der mir nicht schmeckt, weil es so schwierig ist, einen Anfang zu machen.

»Josefine hat doch wohl nicht etwa angefangen zu rauchen?«, fragt sie und guckt über ihren eigenen Tee hinweg zur Tür, als könnte sie durch das Holz hindurch bis hinaus zu ihrer Tochter blicken. »Dass sie jetzt einfach nach draußen abhaut?«

»Hat sie nicht.« Ich winke beruhigend ab, weil mir sofort bewusst ist, was eine Krebsmutter mit Zigaretten verbinden muss. Aber ich weiß auch, dass sie sich da gar keine Sorgen machen muss, weil Josefine selbst viel zu viel Angst vor den *Scherenhänden im Dekolleté* hat. »Sie wollte nur ein bisschen an die Luft.«

Melanie nickt, lächelt mich etwas verlegen an, sagt: »Du hast ja schon mitbekommen, wie viel unvernünftiges Zeug sie macht ... immer gegen alle und alles.«

»Ach, so schlimm ist das gar nicht mit ihr«, erwidere ich. »Ich glaub, das macht sie nur, wenn sie sich nicht wohlfühlt. Zu mir ist sie immer ganz normal«, und plötzlich verändert sich die Art, wie Melanie mich ansieht. Ihr Blick wird intensiver, ernster, forschender, als hätte sie etwas an mir bemerkt, das sie vorher übersehen hatte. Und obwohl ich mir nicht sicher bin, was dieses Etwas ist, weiß ich, dass ich jetzt nicht mehr warten darf.

»Sie ist rausgegangen, weil ich dich was fragen wollte«, murmle ich, und dann muss ich schnell wieder Tee trinken, weil ich natürlich nicht weiß, was ich eigentlich wissen will, nur dass da irgendwas ist, das mehr ist als die Tatsache, dass Papa Melanie verlassen hat.

»Sollen wir vielleicht auch ein paar Schritte spazieren gehen?«, fragt Melanie in meine kleinen, hektischen

Schlucke hinein. »Ohne Josefine, natürlich. Im Laufen spricht es sich besser.«

Erleichtert stelle ich die Tasse ab. Raus, ja. Der Wald. Ich weiß nicht warum, aber ich glaub, zu dem, was ich wissen will, passt kein Zimmer aus Flächen und Ecken und Winkeln. Sondern Bäume und Wurzeln und dann noch dieser Wind, der einem, wenn man sich günstig dreht, in den Rücken fährt und, ohne dass man selbst was machen muss, mit jeder Böe ein Stück weiterschiebt.

Und ich bin wirklich froh, dass es im Wald so vieles gibt, woran meine Blicke sich heften können, Äste, an denen sich noch ein paar vertrocknete Blätter vom letzten Herbst festkrallen, Büschel von Fichtenzapfen, ein Vogel hier, ein Eichhörnchen da und natürlich all die Stöcke und Steine und Wurzelausläufer, die den schmalen Grasweg bedecken. Melanie ansehen ginge gar nicht bei dem, was sie erzählt, kaum, dass ich sie nach damals gefragt hab, nach der Zeit, in der Papa Mama kennengelernt hat, da wäre ich in ihrem Klinikzimmer echt verloren gewesen, rumliegende Sachen hin oder her.

Weil, das muss richtig hart gewesen sein, als Melanie nach und nach in den Sinn gekommen ist, dass Papa sich in eine andere verliebt haben könnte, die ersten Vermutungen, die Hoffnung, dass sie sich bloß was einbildet, die Erhärtung der Vermutungen. Wie sie ihn dann gefragt hat, sein Leugnen, *er würde sie doch niemals*, das Misstrauen, das sie ab da von morgens bis abends und auch noch nachts in ihren Träumen begleitet hat. Dann die Krise, als Papa gestanden hat, sein Versprechen, die Sache zu beenden, Versöhnung und neue Hoffnung.

»Er wollte es beenden?« Überrascht bleibe ich auf dem Pfad stehen. »Er wollte mit meiner Mutter Schluss machen? Obwohl sie ineinander verliebt waren?« Und weil ich dabei vergesse, woanders hinzugucken, lande ich mitten in Melanies Blick, in dem sich alles Mögliche mischt, Wehmut und Enttäuschung und noch was, das ich nicht richtig erkennen kann, und ich komme auch nicht mehr daraus frei, als sie sagt: »Er hat mit ihr Schluss gemacht. Oder es zumindest versucht. Immerhin ging es um seine Familie, die er trotz Verliebtheit nicht leichtfertig hinschmeißen wollte. Selbst in seinem benebelten Zustand ahnte er, dass tausend Schmetterlinge im Bauch nicht dasselbe sind, verstehst du?«

»Aber ...« Ich stolpere weiter. »Dann ist er doch zu ihr gegangen? Obwohl er eigentlich bei dir und Josefine bleiben wollte?«

»Ja.« Schräg hinter mir setzt sich auch Melanie wieder in Bewegung, ihre Schritte folgen meinen wie ein Echo, und eine Zeit lang sagt niemand was, weil klar ist, dass es an mir liegt, ob das Gespräch an dieser Stelle weitergeht oder nicht, daran, ob ich wirklich noch mehr wissen, wirklich hören will, was hinter dem Ganzen lauert. Es ist bestimmt nichts Angenehmes, so wie es in mir kribbelt, und ich bin mir fast sicher, dass es nicht beruhigend sein wird, wenn ich erfahre, um was es sich handelt, aber es geht eben auch nicht anders. Genau dafür bin ich hergekommen, bin stundenlang durch die Gegend gefahren, statt mit Mama und Papa Kakao zu trinken. Ich wollte es wissen, wollte die Wahrheit, und darum stelle ich schließlich die Frage, die jeder Mathematiker stellen muss und die meine Eltern mir bestimmt auch heute nicht voll und ganz beantwortet hätten, frage also: »Warum?«

Ehe sie zu ihrer Antwort ansetzt, fährt ein neuer Windstoß durch den Wald, ein Baum knarrt, ein vertrocknetes Blatt verliert nun doch den Halt, als wollte es dem Frühling Platz machen, der sich vielleicht schon ein winziges bisschen in die kalte Luft reinmischt, trudelt und torkelt auf seinem Weg, und im Grunde weiß ich es da schon und kann nicht mehr zurückrudern, kann die Wahrheit nicht neu verschleiern und wieder zum Geheimnis machen.

Hinterher zieht alles an mir vorbei wie ein Film, den man mit Fieber guckt, Raumschiff Enterprise sozusagen, und ich sitze im Cockpit und starre ins All. Was erst mal keiner merkt, weil Melanie nach dem Spaziergang so müde ist, dass sie sich sofort hinlegen muss.

»Die Fatigue«, sagt sie entschuldigend, »ein halbes Stündchen, ja?«, und Josefine, die schon im Zimmer auf uns gewartet hat, lotst mich gleich wieder raus auf den Gang und weiter in die Besucherecke beim Getränkeautomaten, wo sie mir was über die Chemo erzählt, die ihre Mutter in die totale Erschöpfung getrieben hat, ausgerechnet sie, die sonst jeden Tag stundenlang mit dem schweren Lastenfahrrad Briefe ausgefahren und sogar die Operation ziemlich easy weggesteckt hat. Aber ich schaffe es nicht, richtig zuzuhören, ich bin irgendwo dort draußen und kann nur an die eine Sache denken, nämlich dass *ich* der Übeltäter gewesen bin, genauer gesagt, dass Papa sich zu guter Letzt doch für Mama entschieden hat, weil sich nach seiner anfänglichen Entscheidung für Melanie herausgestellt hatte, dass sie mit mir schwanger war.

Also Mama. Schwanger. Mit mir.

Und ich denke daran, dass Papa sich gar nicht sofort umentschieden und seine Familie gegen eine andere ausgetauscht hat, weil es eben eine von beiden treffen

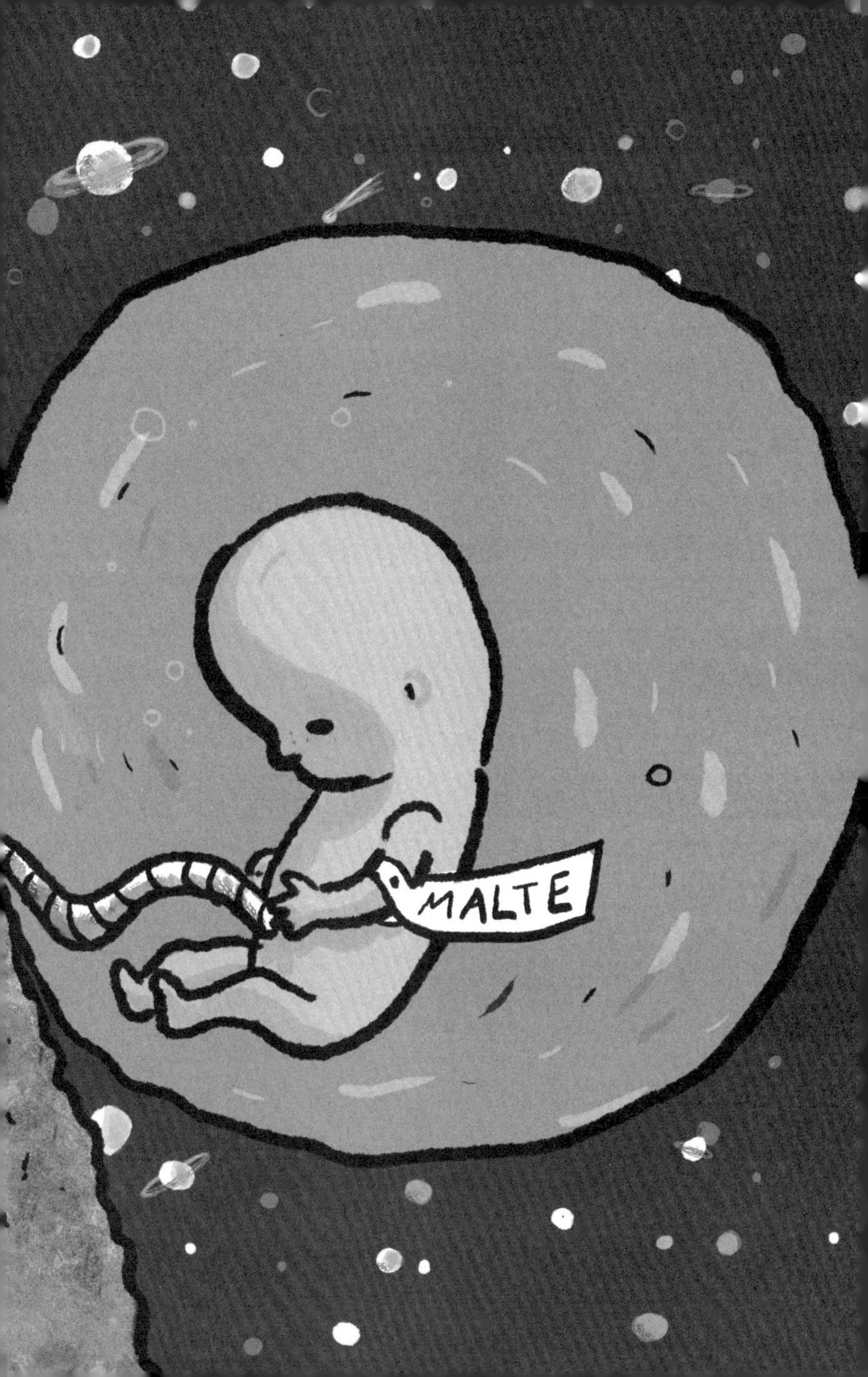
MALTE

musste und er es noch fieser fand, eine Schwangere im Stich zu lassen als eine Mutter mit einem kleinen Kind. Zuerst gab es die *Zwischenzeit*, in der er noch bei Melanie geblieben ist und Mama allein mit all dem in der Luft hing, und genau diese Zwischenzeit ist vermutlich das größte Problem. Denn was ist da passiert? Beziehungsweise: Was hätte da passieren sollen, um diesem Wahnsinn ein Ende zu bereiten?

»Ich hab dich was gefragt!«, sagt Josefine plötzlich und ich zucke zusammen.

»Hm?«

Sie seufzt. »Alles klar?«, fragt sie dann und zwingt mich irgendwie, sie anzugucken.

»Weiß nicht«, murmle ich.

Sie lehnt sich vor, legt ihre Hand auf meinen Arm, der angewinkelt auf der Armlehne meines Sessels liegt, drückt ihn leicht ins Polster. »Spuck's schon aus! Was geht dir durch den Kopf?«

Ich lasse meinen Blick wieder sinken, betrachte Josefines Hand auf meinem Pulloverärmel, die leicht marmorierte Haut, eine winzige Kruste an ihrem Zeigefingerknöchel. »Wenn eine Frau plötzlich schwanger wird«, fast flüstere ich es, »von einem, der eigentlich mit einer anderen zusammen ist ... und außerdem ein Kind hat ... was würde sie dann machen?«

Josefine schweigt. Sie schweigt ziemlich lange. Dann sagt sie: »Kommt ganz auf die Frau an und wie sie so drauf ist. Und auch auf ihre sonstige Situation. Ob sie Kohle hat oder nicht, ob sie allein dasteht oder ob da irgendjemand ist, der ihr mit dem Baby helfen könnte.«

Ich nicke. »Und du? Was würdest du machen?«

»Ich?« Josefine stößt ein merkwürdiges Lachen aus. »Schwanger von einem, für den ich nur eine Affäre bin? Ich würde mir sehr genau überlegen, ob ich das Baby bekommen möchte oder nicht. Höchstwahrscheinlich würde ich es abtreiben lassen, auch wenn jetzt all die Heiligenscheinmädchen aus meiner Klasse aufschreien würden – von wegen Moral und so.«

Ich nicke wieder. Auch das hab ich gewusst. Hab gewusst, dass es Schwangerschaften gibt, über die man sich nicht freut, sondern in denen man das Baby möglicherweise sogar loswerden will, weil es ein Problem ist und alles zerstört, auch wenn es selbst natürlich nichts davon weiß oder was dafür kann oder sonst was.

»Hey«, sagt Josefine und drückt noch mal meinen Arm, »ich hab nur von mir geredet, klar? Von Josefine, siebzehn, Sitzenbleiberin. Tochter einer Alleinerziehenden, der gerade die Brüste abgenommen wurden und die sich nicht mal um ihr eigenes Kind kümmern kann, geschweige denn ein Enkelkind. Ich rede von einer, die keine Freundinnen hat und über die sich alle nur beschweren und sie am liebsten vor die Tür setzen würden. Nicht von irgendwelchen anderen Frauen, auch nicht von deiner Mutter, falls es darum geht«, aber ich fliege schon wieder durchs Universum, ein dunkles Universum, und dort bleibe ich auch, während sie mich wieder und wieder anspricht, zu diesem Thema und zu jenem, ich bekomme nicht mal mit, was ich antworte, tappe auch einfach nur hinterher, als Melanie uns wieder in ihr Zimmer holt, spiele eine Runde Siedler mit, rede dabei irgendwas, ringe mir ein Lachen ab, wenn Melanie vergisst, Städte zu bauen, und auf ihr *demoliertes Chemobrain* schimpft, aber es passiert alles nicht wirklich. Wirklich ist nur dieser eklige, stechende Gedanke, dass ich vollkommen ungelegen kam und vielleicht niemals hätte geboren werden sollen.

14

Mama holt uns vom Bahnhof ab und will sofort wissen, wie es war, aber ich weiß nichts zu sagen, nicht zu ihr, oder soll ich ihr etwa ins Gesicht schleudern: *Ach übrigens, ich weiß jetzt, dass ich eine Katastrophe für Papa und dich war, aber kein Ding, macht ja keinen großen Unterschied, ob ihr mich haben wolltet oder nicht?*

Ich erkläre nur, dass ich müde bin, und echt, Mann, das bin ich wirklich. Und Josefine sagt ja sowieso nie viel zu Mama, es sei denn, sie beschimpft sie, also sitzen wir zu dritt im Auto und gucken aus den Fenstern (Mama natürlich durch die Frontscheibe), und zu Hause ess ich nur schnell was und geh ins Bett.

Am Sonntag ist es Papa, der dauernd ankommt und was wissen will, aber ich kann ihn nicht mal richtig angucken, geschweige denn mit ihm sprechen, ich muss nur seine Stimme hören und schon ist in meinem Bauch ein Klumpen.

Auch Mama macht mich verrückt mit ihrem Gekümmere und Gemache und Gelächle. Viel mehr als sonst, dabei weiß ich genau, dass sie gerade jede Menge Arbeit hat und sie in solchen Zeiten normalerweise nichts davon abhält, sich auch sonntags an den Schreibtisch zu setzen.

»Lasst mich doch endlich alle mal in Ruhe!«, rufe ich, als Papa zum x-ten Mal in mein Zimmer platzt, wo ich zur Tarnung über meinen Unterlagen sitze, aber von Mathe natürlich mal wieder keine Rede sein kann.

Papa allerdings macht keine Anstalten zu verschwinden. »Hör mal, Malte«, sagt er, »ich hab schon ein Recht darauf zu erfahren, wie du den Tag bei meiner Ex verbracht hast. Und wie's dir heute geht.«

»Ach ja, hast du das?«, gebe ich zurück.

»Ja. Und ich sage das ganz in deinem Sinne. Du wolltest doch schließlich, dass wir offen miteinander reden.« Er macht die Tür hinter sich zu, als wollte er mir beweisen, dass wir nun privat von Mann zu Mann sprechen könnten. »Und es ist doch verständlich, dass so ein Besuch aufwühlend ist. Aber wenn du mir nicht verrätst, was genau dich beschäftigt …«

»Was ist dann?«

»Dann kann ich dir auch nicht helfen, Kumpel.«

Der Klumpen in meinem Bauch krampft sich zusammen, und ehe er mir die Luft nimmt, rufe ich: »Helfen wobei? Kannst du vielleicht Mathe? Das beschäftigt mich nämlich gerade wirklich! Da könnte ich den einen oder anderen Hinweis gebrauchen.«

»Ach, Malte«, sagt Papa, »du weißt genau, dass von solchen Dingen gerade nicht die Rede ist«, und weil die Luftnot gleich noch ein bisschen schlimmer wird, muss ich noch was raushauen.

»Nee, klar, ist ja auch nur die Landesrunde. Aber wenn du unbedingt bei anderen Sachen helfen willst, geh doch zu Josefine und frag die, ob sie bei irgendwas Unterstützung braucht. Jetzt hast du ja mal die Gelegenheit – nach all den Jahren, in denen sie allein klarkommen musste!«

Da sagt Papa nichts mehr, er macht nur ein komisches Geräusch, bevor er sich auf den Fersen umdreht, die Tür wieder aufmacht und ohne ein weiteres Wort aus dem Zimmer geht. Und diesmal bin ich mir sicher, dass er für den Rest des Tages nicht mehr zurückkommen wird.

Am Montag in der Schule läuft es auch nicht viel besser. Immerhin kommen Mats und Philipp an, ein bisschen zögerlich zwar, aber sie fragen, ob ich wieder ganz gesund bin und mein Wochenende gut war, erzählen von ihrer *Gaming-Party* und dass ich beim nächsten Mal ja vielleicht doch mit dabei sein möchte, was jedenfalls nicht so klingt, als wäre ich komplett raus aus der Runde und müsste mich in den Pausen von nun an allein beschäftigen. Andererseits interessiert es mich gerade nicht wirklich, was Mats und Philipp machen, daher sage ich nur: »Mal sehen, falls ich Lust hab, vielleicht«, sie werfen sich einen Blick zu, und auf dem Weg zum Erdkunderaum sagt keiner mehr was.

Im Unterricht klappt dann gar nichts, da bin ich einfach nicht bei der Sache. Der Frings gibt mir meinen Test zurück, der nicht so dolle ist, und natürlich bin ich auch nicht auf die Stunde vorbereitet, hab erst recht keine verpassten Stunden aufgearbeitet, muss mir darum anhören, dass ich jetzt mal wirklich zeigen soll, was in mir steckt – und zeig überhaupt nichts. Und die Ullrich gibt uns ein Gedicht von einem, der sich Novalis genannt hat, in Wirklichkeit allerdings Hardenberg hieß, und sagt, das wäre jetzt bestimmt was für mich. »Für unseren Zahlenjungen«, sagt sie und blinzelt mir zu, aber bei allem, was gedichtmäßig in der letzten Woche bei mir passiert ist, geht mir dieses hier einfach nur auf die Nerven, obwohl es sich reimt:

Wenn nicht mehr Zahlen und Figuren
sind Schlüssel aller Kreaturen,
wenn die, so singen oder küssen,
mehr als die Tiefgelehrten wissen,

wenn sich die Welt ins freie Leben
und in die Welt wird zurückbegeben,
wenn dann sich wieder Licht und Schatten
zu echter Klarheit werden gatten
und man in Märchen und Gedichten
erkennt die wahren Weltgeschichten,
dann fliegt vor einem *geheimen Wort*
das ganze verkehrte Wesen fort.

»Was sagst du dazu, Malte?« Die Ullrich legt den Kopf schief und lächelt mich noch immer an, als hätte sie mir einen kleinen, aber feinen Streich gespielt. »*Wenn nicht mehr Zahlen und Figuren* ... Nun?«

»Glaub ich nicht, dass Worte weniger verkehrt sind als Zahlen«, sage ich patzig. »Worte können lügen, Zahlen nicht.«

Einen Moment ist sie still, so was ist sie von mir wohl nicht gewöhnt, sagt dann: »Mag sein. Aber denkst du nicht, dass Novalis etwas anderes gemeint haben könnte?« Und als ich nicht darauf eingehe, fügt sie hinzu: »Eine besondere Art von Wahrheit, die sich nicht durch Zahlenlogik ausdrücken lässt?«

Aber ich glaube gar nichts, will auch über Wahrheiten nichts hören, von mir aus können die bleiben, wo der Pfeffer wächst, weil sie einfach nur schrecklich sind und kein einziges *verkehrtes Wesen* fortscheuchen. »Nein«, brumme ich. »Warum sollten ausgerechnet Märchen und Gedichte für Klarheit sorgen? Ist doch totaler Quatsch.«

Die Ullrich guckt mich an, als wäre ich ein ihr völlig fremder Schüler, der sich zufällig in diese Klasse verirrt hat, und weil sich nun unser guter Rafael meldet und sogar mit dem Finger schnipst, lässt sie mich in Ruhe und versucht an anderer Stelle ihr Glück.

»Alter!«, flüstert Mats neben mir. »Hast du echt nicht gecheckt, was die von dir wollte? Das hätte ja sogar ich ihr sagen können.«

Ich reagiere nicht, lege meine Arme auf den Tisch und meinen Kopf in die Armbeuge und denke an Josefine, die diesem Hardenberg in puncto Zahlen vielleicht zugestimmt hätte und auch, was das Singen betrifft, aber bestimmt nicht bei der Sache mit dem angeblich freien Leben und erst recht nicht bei den Küssen, hinter denen sich immer die falschen Jungs verbergen, und das bringt mich auf Lale, die ich heute im Matheclub sehen werde und der ich seit Tagen nicht mehr geschrieben hab.

Und dann stehen wir alle im Clubraum rum, essen die Reste aus unseren Frühstücksdosen und warten auf Zerhusen: ich und Kolja (der sagt: »Cool, dass du wieder da bist«, und ich murmle nur was Unverständliches, weil ich denk, jetzt kommt bestimmt wieder was über Josefine, aber er murmelt auch bloß was, und ich zuck mit den Schultern, und er zuckt mit den Schultern, und wir gucken ein bisschen in der Gegend rum, und ich denk, wenn der wüsste, was meine Halbschwester über ihn erzählt), dann noch Gregor, Pia, Chen und Leonie, und irgendwann kommt auch Lale dazu, die hat ja immer noch den Weg.

»Hi, Malte!«, sagt sie und geht so selbstverständlich auf mich zu, dass Kolja, der sich inzwischen zu Gregor gesellt hat, mit großen Augen zu uns rüberguckt. Aber ich merke, sie stellt sich nicht einfach nur so zu mir, weil sie im Matheclub eben bloß mich kennt und wir wegen der Olympiade in gewisser Weise zusammengehören, sondern weil sie was mit mir besprechen will. Irgendwas Unangenehmes.

»Findest du das normal?«, legt sie auch sofort los und es klingt nicht unbedingt freundlich.

Ich tue so, als wüsste ich nicht, was sie meint, aber natürlich weiß ich es doch. So oder so erinnert Lale mich noch mal ausdrücklich daran, dass ich nachrichtenmäßig letzte Woche aus heiterem Himmel mit einem knappen *Aha, ich hoffe, du hattest Spaß!* von der Bildfläche verschwunden bin – ausgerechnet, als es um Zerhusen und den Donnerstagstermin ging – und dass ich mich auch später nicht mehr gemeldet hab, obwohl sie mich im Laufe des Wochenendes noch dreimal angeschrieben hat.

»So was find ich echt bescheuert!«, sagt sie. »Da verbringt man nämlich Stunden und Tage damit, sich zu fragen, ob man was Falsches geschrieben hat.«

»Ich hab ja noch anderes zu tun, als überm Handy zu hängen«, verteidige ich mich.

»Ach ja, mal wieder renovieren vielleicht?« Sie verdreht die Augen. »Und dabei hast du dir auf beide Daumen gehauen und konntest nicht mal mehr eine klitzekleine Nachricht tippen? Oder das Mikro für eine Sprachnachricht drücken?«

Das ärgert mich. Weil es natürlich einen Grund hatte, dass ich mich nicht mehr bei Lale gemeldet hab. Und vielleicht auch, weil mich im Moment sowieso alles ärgert, alles und alle, da ist sie keine Ausnahme. »Vielleicht hast du ja was Falsches geschrieben«, sag ich also und sie starrt mich fassungslos an.

Malte!, sagt ihr Blick. *Wir haben uns unsere Lieblingszahlen genannt, erinnerst du dich?*, und sofort tut es mir leid, was ich gesagt hab. Aber gleichzeitig werde ich noch ärgerlicher, gerade *weil* es mir leid tut, sodass mein eigener Blick erwidert: *Richtig, über solche Dinge haben wir uns mal geschrieben, über Schönheit und Unendlichkeit und Leute, die einander die Hände geben – bis du von deinem ›Personal Training‹ angefangen hast.*

Und vielleicht begreift Lale, wo das Problem liegt. Vielleicht tut es ihr sogar leid, wer weiß das schon, aber vor allem wird jetzt auch sie so richtig ärgerlich, jedenfalls quetscht sie grimmig hervor: »Ich wollte dir eigentlich erzählen, was ich mit Herrn Zerhusen gemacht hab ... weil die Fragestunde ja auch für dich gedacht war. Außerdem wollte ich dir sagen, dass ich nur noch montags kommen kann, nicht mehr donnerstags, weil ich dafür immer den Schulchor sausen lassen musste und deswegen Ärger bekommen hab. Und dass Zerhusen genau aus diesem Grund noch mal extra viel mit mir gearbeitet hat. Aber wenn du gleich total beleidigt dichtmachst ...« Sie stößt ein kleines Schnauben aus.

Im selben Moment kommt wie der Teufel, von dem man gerade spricht, Zerhusen in den Raum, weswegen ich mir eine Erwiderung schenke, alle zockeln zu ihren Plätzen, und obwohl Lale und ich aus Gruppengründen wieder nebeneinander sitzen sollen, ist der Abstand zwischen uns noch größer als beim letzten Mal. Sie lächelt auch nicht ihr Zahnspangenlächeln, sondern packt nur ihre Sachen aus, ohne mich noch einmal anzugucken, und als ich auf ihre Unterlagen schiele, sehe ich mit eigenen Augen, was am Donnerstag alles dazugekommen ist: Aufgaben, die ich nie gesehen, geschweige denn probiert habe zu lösen, Skizzen, Merksätze, Nebenrechnungen, Notizen. Und die Zettel, die mir bekannt vorkommen, hat sie vollständig ausgefüllt, da sind nicht diese Lücken wie auf meinen eigenen, die Lücken, über denen ich so viele Stunden gesessen hab, ohne sie auch nur ansatzweise schließen zu können. Da sind nur Lösungen und in mir selbst der Ärger, der immer größer und größer wird.

Auch Zerhusen entgeht nicht, dass ich schon wieder verkackt hab. Erst macht er eine kleine Einheit für alle, Ellipsen und ihr Auftreten in der Natur, aber dann kommt er zu Lale und mir, guckt unsere Arbeitsblätter an und legt, während er mir meine zurückgibt, die Stirn in Falten. »Ich hatte gehofft, du könntest die Tage zu Hause ein wenig nutzen, Malte«, sagt er und schiebt schnell hinterher: »Natürlich nur, soweit dein Infekt es zulässt«, aber da ist schon klar, dass er alles andere als zufrieden mit mir ist. Schlimmer: Er macht sich Sorgen, was mich und die Landesrunde betrifft. Und noch schlimmer: Spätestens jetzt weiß auch Lale Bescheid, was für ein Matheversager ich bin, und das macht mich richtig zornig. Weil das ja eigentlich gar nicht stimmt. Ich bin der *Mathekopf der Schule*, war es sogar schon in der fünften Klasse. Ich, nicht dieses Mädchen von der IGS!

»Aber egal, wir gehen einfach noch mal alles durch«, sagt Zerhusen und lächelt ein bisschen gequält. »Am besten, Lale erläutert dir, was ich mit ihr schon besprochen habe, dann festigen die Inhalte sich bei ihr auch noch mal. Wenn etwas unklar bleibt, springe ich ein, einverstanden?«

Was dann passiert, kapier ich auch nicht so genau. Ich kapiere es nicht mal hinterher, als ich schon draußen auf der regennassen Straße bin, hab keine Ahnung, warum ich getan hab, was ich getan hab. Ob ich es überhaupt selbst getan hab, ob ich aus eigenem Antrieb aufgesprungen bin oder an unsichtbaren Fäden hochgezogen wurde, ob ich die Worte in meinem Mund geformt hab oder ob sie mir ein böser Jemand hineingelegt hat.

Ich weiß nur, dass Lale mir einen Seitenblick zugeworfen hat, dass sich ihr schlecht gelauntes Gesicht langsam zu einer triumphierenden Na-siehste!-Miene verzogen hat und sie gesagt hat: »Dann erklär ich dir den Kram eben jetzt, auch wenn ich's ja lieber schon am Donnerstag getan hätte«, und dass ich da ausgerastet bin.

»Ich brauch deine Scheißerklärungen nicht!«, hab ich geschrien und meine Sachen zusammengerafft. »Weil ich sowieso nicht mit zur Landesrunde fahre. Da kannst du ja jetzt für diese Schule antreten, auch wenn du hier als IGSlerin überhaupt nichts zu suchen hast!« Bin dann an allen vorbeigerauscht und hab, obwohl Zerhusen irgendwas hinter mir her gerufen hat, den Raum, den Gang, die Schule verlassen.

Ja, so viel weiß ich, ohne es zu kapieren, aber mit jedem Schritt, den ich weiter durch den Sprühregen davonrenne, wird mir klarer, dass nun wirklich alles zu Ende ist.

15

»Malte, bist du das?!«, ruft Mama von irgendwo, als ich zu Hause reinplatze, nass vom Regen und vom Schweiß, vielleicht auch von Tränen, ich hab keine Ahnung, kann mich nur auf den Boden werfen und nach Luft schnappen.

»Wieso bist du nicht beim Matheclub?« Ihre Stimme kommt näher, ist kurz darauf schon im Flur. »Bist du den ganzen Weg zu Fuß gelaufen?«

Atmen, Luft, die in meine Lungen strömt, ich will für immer so liegen bleiben, die Augen geschlossen, den Kopf auf den Armen, nichts denken, nichts sagen, will nur ein- und ausatmen. Aber natürlich komme ich damit nicht weit, im nächsten Moment hockt Mama schon neben mir und streicht mir über die Haare.

»Malte, was ist denn passiert?«

Ich trete ein bisschen um mich, schüttle ihre Hand ab, doch die Gedanken sind schon zurück in meinem Kopf, und nun muss ich wirklich heulen, kann es keine Sekunde länger zurückhalten.

Ich kann mich auch nicht länger wehren, als Mama mich hochzieht und an sich drückt, sondern kann mich nur halten lassen, während das Geheule mich schüttelt, und gegen ihre Schulter rotzen.

»Ist ja gut«, flüstert Mama und wiegt mich hin und her, als wäre ich ein Kleinkind, aber verdammt, es fühlt sich so gut an, obwohl es das nicht tun sollte, und ich wünschte, ich wäre wirklich erst drei und wüsste nichts und müsste nichts und würde nichts anderes tun als Bauklötze zählen.

Irgendwann hängt dann meine nasse Jacke am Haken, und während Mama mir einen Kakao kocht, gehe ich nach oben, um mir das Gesicht zu waschen und eine trockene Hose anzuziehen. Aber ich hab versprochen, wieder runterzukommen, und logisch, erklären muss ich ihr wohl oder übel, dass ich aus der Matheolympiade ausgestiegen bin, auch wenn ich nicht weiß, wie. Komischerweise fragt sie, als wir dann zusammen am Küchentisch sitzen und ich mit der Sprache rausrücke, aber gar nicht groß nach. Sie hört sich nur an, dass ich nicht mehr will, weil ich viel zu schlecht bin und, je näher die Landesrunde rückt, immer schlechter und schlechter werde, sodass Lale mich sowieso besiegen und überhaupt alles eine Blamage wird, nickt dann irgendwann und erwidert: »Du brauchst das auch nicht zu machen, wenn dich der

Wettbewerb stresst. Niemand verlangt das von dir, Malte. Oder hat es je verlangt. Das warst immer nur du selbst.«

Ich muss aufpassen, nicht aufs Neue loszuheulen: weil sie mich nicht drängt, die Sache durchzuziehen, und ich nicht weiß, wie ich das finden soll, gut oder schlecht, richtig oder falsch, weil es nun offiziell ist, dass ich nicht zur Landesrunde fahre, und damit auch sicher ist, dass ich Lale nie mehr wiedersehen werde, was nach dem, was heute passiert ist, ja eigentlich ein Segen ist, aber gleichzeitig ist es so wahnsinnig traurig. Meine Haut fängt an zu brennen, meine Augen werden heiß, und ich will mir schon den Handrücken gegen die Nasenlöcher pressen, doch dann sagt Mama noch was anderes, und für einen Moment wird in mir alles starr.

»Etwas verlange ich trotzdem von dir«, sagt sie und sieht mich fest an. »Und zwar, dass du mir endlich verrätst, was dich belastet.«

Danach ist es zu spät, noch irgendwas gegen die Heulerei zu unternehmen. Sie hat mich einfach im Griff.

»Jetzt noch mal von vorn«, stöhnt Papa, setzt sich in seinen Sessel, neben dem sich Mama und ich aufstellen, fast wie bei einer Audienz, und zieht die Schnürsenkel auf. Seit er zu Hause ist, hat er noch keine Sekunde Zeit gefunden, um auch nur die Schuhe auszuziehen. Erst hat Mama auf ihn eingeredet, dann sollte ich was sagen, was aber gründlich schiefgegangen ist, weil Mama mir dauernd ins Wort gefallen ist und außerdem aus Josefines Zimmer Musik hochgedröhnt kam, und irgendwann hat er abgewinkt, gesagt: »Moment, Moment, Moment!« und ist die Kellertreppe runtergerast.

Aber nun ist es ruhig im Haus (ich weiß nicht, was er getan hat, so schnell hat es noch nie jemand geschafft, Josefine zum Leiserdrehen zu bewegen), er hat uns ins Wohnzimmer gebeten und streift die Schuhe von den Füßen, holt sogar eine Tüte Haribo aus der Schublade vom Wohnzimmertisch, lehnt sich im Sessel zurück. Aber je ruhiger er tut, desto angespannter sieht er aus.

»Was hat Melanie behauptet?«

»Sie hat überhaupt nichts behauptet!«, rufe ich.

Schon rutscht er wieder im Sessel nach vorn, guckt zwischen Mama und mir hin und her, links, rechts, wieder links.

»Christian!«, sagt Mama da. »Ich weiß nicht, was sie ihm erzählt hat, aber Malte glaubt, wir hätten ihn nicht gewollt. Verstehst du? Ihn – nicht – kriegen – wollen!« Dann lässt sie sich aufs Sofa plumpsen und vergräbt das Gesicht in den Händen.

Für einen Moment verzieht er das Gesicht zu einer Grimasse, bevor er mühsam ein Lächeln aufsetzt und auf den Sessel neben seinem deutet. »Setz dich doch bitte mal, Malte«, sagt er und reißt die Haribotüte auf.

Aber ich will mich nicht setzen und auch keine Süßigkeiten futtern, wie ein kleines Kind, das an Friede, Freude, Eierkuchen glaubt, ich will auf meinen Füßen stehen bleiben, will jederzeit das Wohnzimmer verlassen können, falls es mir hier zu ungemütlich wird. Papa wartet eine Weile, und als ich mich noch immer nicht rühre, fragt er mich: »Stimmt das?«

Ich behalte die Schiebetür im Auge, ohne mich von ihm und Mama abzuwenden. »So hab ich das nicht gesagt.«

»Aber gemeint«, sagt Mama hinter ihren Händen. »Und das nicht von ungefähr, nachdem, was Melanie dir ...«

»Jetzt hör doch mal auf, Anja!«, braust Papa plötzlich auf. »Du lässt Malte schon wieder nicht zu Wort kommen.«

Da taucht Mamas Gesicht wieder auf und guckt grimmig an mir vorbei zu Papa. »Mir war das klar«, sagt sie, und ihre Stimme klingt nun kalt und fast ein bisschen zu gefasst nach dem ganzen Rumgezeter. »Ich hab immer gesagt, dass deine Ex sich irgendwann in unser Familienleben einmischen und gegen mich Wind machen wird. Weil sie mich genau wie das Mädchen nur als die

Böse sehen kann und sich selbst als das Opfer. Als diejenige, die damals alle Rechte auf ihrer Seite gepachtet hatte, ganz egal, was das für andere bedeutet hätte. Ich hab gewusst, dass noch was nachkommen würde. Aber du hast nie darauf gehört, Christian, du hast sie jedes Mal in Schutz genommen. Manchmal frag ich mich, ob du überhaupt weg bist von ihr.«

»Sag mal, spinnst du?«, ruft Papa.

»Ich spinne nicht im Geringsten«, gibt Mama zurück, und allmählich hab ich das Gefühl, ich spiele gar keine Rolle mehr in diesem Gespräch. Irgendwas passiert hier ohne mich, etwas, das seit langer Zeit auf diesen Moment gewartet hat, vielleicht sogar genau seit dieser bestimmten Zeit, der verflixten *Zwischenzeit*. Aber gleichzeitig gehöre ich doch irgendwie dazu, weil das, was geschieht, eben nicht ohne mich zustande gekommen wäre. Alles hätte weitergeschlafen und wäre womöglich niemals aufgewacht, wenn ich vorhin nicht so geheult hätte ... weil im Matheclub alles schiefgegangen ist ... und weil das, was Melanie erzählt hat, mich umgehauen hat, obwohl ich es doch die ganze Zeit geahnt hab ... und das, was Josefine gesagt hat, mich noch mehr umgehauen hat, auch wenn sie nur über sich geredet hat ... und weil die Wahrheit in ihrer Gänze das Leben noch viel schwieriger gemacht hat als es sowieso schon war.

»Melanie hat nur gesagt, dass Papa nicht sofort weggegangen ist, als du schwanger geworden bist, sondern erst noch alles unklar war«, bringe ich mich in Erinnerung. »Und sie hat es gesagt, weil ich sie gefragt hab, nicht weil sie gegen jemanden Wind machen wollte. Dazu ist sie viel zu müde. Sie hatte doch *Krebs*, Mama!«

Die dreht ihren Kopf und sieht mich lange an. »Für mich war überhaupt nichts unklar«, sagt sie schließlich. »Ich möchte, dass du das weißt, Malte. Es kam für mich überhaupt nicht infrage, mich gegen dich zu entscheiden – das weiß Melanie ganz genau, ob sie dir das nun gesagt hat oder nicht. Und Papa weiß es auch. Ich für meinen Teil hab mich von der ersten Sekunde an auf dich gefreut, auch wenn mir bewusst war, dass es ohne Papa sehr schwierig für uns werden würde.«

Im ersten Moment will ich mich einfach in ihre Worte fallen lassen wie in ein weiches Kissen. Mama wollte mich gar nicht abtreiben lassen, sie ist da anders als Josefine, von wegen *Moral und dergleichen*. Im zweiten Moment fällt mir auf, wie spitz sie dieses *Ich für meinen Teil* ausgesprochen hat, als wäre in dem Kissen eine Nadel versteckt, und sofort ist dieses Scheißgefühl wieder da.

»Und du, Papa? Wolltest *du* mich bekommen?«

Sein Gesicht. Die Schiebetür. Der Kloß in meinem Hals.

»Es wär dir lieber gewesen, wenn Mama mich nicht behalten hätte und du bei Melanie und Josefine hättest bleiben können«, krächze ich. »Hab ich recht?«

Er schweigt einen Moment zu lang. Erst als ich schon im Flur bin, ruft er: »Das ist Unsinn, Malte!« Den Rest höre ich nicht mehr. Ich höre nur noch das Rauschen in meinen Ohren und meinen Herzschlag, der sich dumpf und unregelmäßig darunterlegt, während sich meine Füße die Treppe runtertasten und alle meine Gedanken in einen einzigen münden, der lautet: Ich will zu meiner Schwester.

»Was'n eigentlich los heute?«, fragt Josefine und klopft einladend neben sich auf die Schlafcouch. »Christian hat hier eben auch schon einen auf Drama gemacht.«

Mit weichen Knien tappe ich in ihr Zimmer, lasse mich neben sie auf die verkrumpelte Bettdecke plumpsen, lehne mich an ihre Schulter, kriege kein Wort hervor.

»Hey, Kleiner!« Sie legt ihren Arm um mich, warm und fest. »Ich bin da, okay?«

Keine Ahnung, wie lange wir so sitzen, vor uns leuchtet ihr Laptop, sie lässt das Gedicht, das sie geschrieben hat, einfach offen stehen.

Ungesagtes

Du beginnst deine
Sätze zu formen
und ich werde zur Wand
versteinere | dichte mich ab
mit Mörtelgewebe
dann: Starre
und mit jedem Wort
das deiner
Sprechrichtung folgend
gegen mich prallt
fängt ein ungesagtes
in meinen Hohlräumen an
zu klingen

»Meinst du Papa mit dem *Du*?«, schaffe ich es nach einer Weile zu fragen und deute auf den Monitor.

»Nicht speziell.« Sie drückt meine Schulter. »Klar, am Anfang meint man immer nur den einen, der einem am meisten wehgetan hat. Aber später werden daraus irgendwie alle, die einem gegen den Strich gehen.«

»Du meinst, dann kann man mit keinem von ihnen mehr richtig sprechen? Wenn man sich mit dem einen nicht rechtzeitig wieder verträgt?«

»Man fängt einfach an, ihn zu hassen, ganz egal, was er hinterher tut. Und merkt dann auch an anderer Stelle, dass man dichtgemacht hat.«

Ich denke an ihre Knutschjungs, die sie hinterher alle doof fand, und an Kolja, den sie erst gar nicht an sich rangelassen hat, obwohl er ihr bestimmt nichts Schlimmes getan hat. Ich denke an die Eckert, die sie nicht ausstehen kann, an die mit Heiligenscheinen bewachsenen Mädchen aus der 10C, die sie verachtet, ihre Klassenlehrerin, die *Spießertussi*, und natürlich Mama, die *Bitch*.

»Mit Papa kannst du dich aber ruhig vertragen«, sage ich. »Der wollte dich und Melanie nämlich gar nicht verlassen. Er wollte euch viel lieber als Mama und mich.«

Nun zieht sie die Hand von meiner Schulter und patscht mir gegen den Hinterkopf. »Du tickst ja nicht ganz richtig! Darf ich dich daran erinnern, wo und mit wem dieser Mann seit dreizehn Jahren lebt?«

»Ja, aber nur, weil Mama schwanger war und mich unbedingt behalten wollte. Wenn's nach ihm gegangen wär, säße ich jetzt nicht hier und er dafür bei euch.«

»Glaub ich nicht.«

»Ist aber so.«

»Quatsch! Der liebt dich, Malte, merkst du das nicht?«

»Vielleicht liebt er dich ja viel mehr als mich und du merkst es nicht.«

»Spinner! Er hasst mich. Ich bin seine Loser-Tochter.«

»Selber Spinner! Dich wollte er wenigstens bekommen.«

»Leute!«, sagt da eine Stimme von der Tür her und Josefine knallt erschrocken ihren Laptop zu. Dabei ist es eine sehr wackelige Stimme. Eine Stimme, die vielleicht sogar ein bisschen heulig klingt, dabei hab ich Papa noch nie in meinem Leben weinen sehen. Und auch, *was* seine Stimme sagt, ist anders als alles, was ich je von ihm gehört hab: »Glaubt ihr wirklich, es ist immer so einfach? So eindeutig, dass man sagen kann: hier oder da, diese oder jene, Liebe oder Hass? Glaubt ihr nicht, es gibt im Leben Momente, in denen einfach alles, was man denkt und sagt und tut, falsch ist, weil vorher schon viel zu viele Fehler passiert sind? Und in denen man darum einfach nicht mehr weiß, wofür man sich entscheiden soll?«

Wenn ich überlege, welche Tage in meinem Leben ich mir gemerkt hab, fallen mir gar nicht so viele ein. Mein sechster Geburtstag, an dem ich einen Experimentierkasten bekommen hab. Der Urlaubstag in der Türkei, als wir schnorcheln gegangen sind. Der Tag, an dem ich mir den kleinen Zeh im Türrahmen gebrochen hab. Und dann noch welche, die mit Mathe zu tun hatten und Wettbewerben oder damit, dass ich plötzlich was verstanden hab, was ich vorher noch nicht geblickt hatte. Tage, an denen plötzlich alles logisch war. Die anderen Tage kann ich kaum auseinanderhalten, nicht mal die Weihnachtstage, die zu einem einzigen Tannenbaum-Geschenke-Plätzchen-Lichter-Gemisch verschwimmen. Aber diesen Tag, da bin ich mir sicher, werde ich nie vergessen. Noch nie zuvor hab ich so viel Schreckliches erlebt und gleichzeitig so Schönes.

Ich werde nicht vergessen, wie wir irgendwann zu viert im Keller gesessen haben, Mama und Papa und Josefine und ich, alle auf derselben Schlafcouch. Wie wir miteinander geweint haben. Und manchmal geredet und manchmal geschwiegen.

Wie Papa zugegeben hat, dass er sich damals zuerst gewünscht hatte, Mama würde sich gegen mich entscheiden (die aber glücklicherweise keine Sekunde auf sein Geschwätz gehört hat), dass dieser Wunsch jedoch bloß in seinem Kopf existierte, nicht in seinem Herzen, so durcheinander das auch war. Dass es auch nur mit der Situation zu tun hatte, in der seine Familie ihn brauchte, und damit, dass er nicht wusste, wohin er gehörte. Mit Mama hatte es nichts zu tun, in die er so verliebt war, obwohl es nicht sein durfte, weil er schon eine wundervolle Frau hatte und eine kleine, entzückende Tochter. Und schon gar nichts mit mir, seinem zukünftigen Sohn.

Dass er uns damals überhaupt alle geliebt hat, jeden auf seine Weise, Mama und Melanie und Josefine und sogar mich, dieses winzige unbekannte Pünktchen, das er am liebsten ungeschehen machen wollte und gleichzeitig um nichts auf der Welt hergeben.

Wie ich gesagt hab, dass das unlogisch ist.

Und Josefine, dass es sich eher so anhört, als hätte er *niemanden* richtig geliebt.

Und Mama, dass es immer noch wahnsinnig wehtut, an diese Zeit zu denken, in der er mal da war und mal nicht und sie nie wusste, was morgen sein würde oder ob sie ihm überhaupt was wert war.

Und wie wir schon wieder geweint haben und uns an den Händen gehalten, und wie Papa irgendwann zu mir gesagt hat, dass es Dinge gibt, die sich jeder Logik entziehen. Und dass wir ihm einfach glauben müssen.

Ich werde auch nicht vergessen, wie es in dem Moment in mir gebrannt hat, direkt hinter dem Brustbein, und dass das wiederum nichts mit Papa zu tun hatte oder mit dem, was damals geschehen ist, sondern ganz allgemein mit der Logik und dem Glauben. Mein ganzes Leben lang hab ich schließlich nur eine einzige Sache geglaubt, nämlich dass man nicht einfach glauben darf, sondern immer beweisen muss. Weil die Dinge zwingend zusammenhängen. Entweder etwas ist wahr oder unwahr, *aus A folgt B* oder *aus A folgt nicht B* oder auch *entweder aus A folgt B oder aus B folgt A*, und das nennt man dann hinreichende Bedingung.

Aber selbst mit der Logik ist es nun anders, genau wie mit dem ganzen Rest. Die *wahren Weltgeschichten* lassen sich wirklich nicht mehr durch Zahlen und Figuren ausdrücken, jedenfalls nicht meine. Wahrscheinlich haben sie es auch nie getan. Und alle haben es gewusst, sogar die Ullrich, nur ich nicht, ich Kek.

»Willste unten bei mir schlafen, Kleiner?«, fragt mich Josefine, nachdem wir es gegen halb zehn tatsächlich geschafft haben, zu Abend zu essen.

Ich zögere keine Sekunde. Nicht nur, weil ich nicht allein in meinem Zimmer liegen mag mit diesem Tag in jeder meiner Zellen und all dem Komischen und den Gedanken in meinem Kopf. Und auch, weil da immer noch diese eine Sache ist, von der ich meiner Schwester noch nichts gesagt hab. Oder sonst irgendwem.

»Du-hu?«, flüstere ich, als wir etwas gedrängt auf der Schlafcouch liegen und ich erst mal merke, wie unbequem die im Vergleich zu einem richtigen Bett ist, zum Beispiel meinem. Kühl ist es auch hier unten, kühler als im restlichen Haus, sodass man sich die Decke bis zum Kinn hochziehen muss, und außerdem so dunkel, wie es nachts nur in einem Kellerraum werden kann: Vor dem Fenster zum Lichtschacht ist der Rollladen runtergelassen, und selbst wenn man längere Zeit mit offenen Augen in Richtung Decke starrt, ist da nur Schwarz mit ein paar grauen, flirrenden Pünktchen drin.

»Was?«, fragt Josefine.

»Ich hab's mir jetzt völlig mit Lale verdorben. Für immer. Und ich werd die wahrscheinlich auch nie wiedersehen, weil ich nicht mehr zum Matheclub gehe.«

Mit einem Ruck setzt sie sich auf und knipst die Stehlampe neben der Couch an. »Was ist passiert?«

Ich kneife die Augen zusammen, blinzle dann vorsichtig. Als ich wieder sehen kann, ist ihr bestürztes Gesicht direkt vor meinem.

»Ich hab ihr gesagt, dass sie an unserer Schule überhaupt nichts zu suchen hat. Nein, geschrien hab ich's.«

»Oh, Malte!«

»Siehst du?«

»Ja.«

Wir schweigen.

»Wieso?«, fragt sie dann. »Und wieso gehst du nicht mehr zum Matheclub und versuchst, das irgendwie geradezurücken?«

»Weil ich nicht mehr bei der Landesrunde mitmachen will. Es ist vorbei.«

»Malte!« Josefines Stimme klingt fest. »Was? Ist? Passiert?« Sie guckt mir in die Augen, und *zack!* schießen mir, als hätten sie seit dem letzten Geheule die ganze Zeit auf der Lauer gelegen, wieder die Tränen hinein. Ich strecke den Arm nach dem Lichtschalter aus, aber Josefine packt mein Handgelenk, lenkt meinen Arm zurück, zieht mich fest an sich.

»Lass es raus«, flüstert sie mir dabei ins Ohr, und ich heule schon wieder, heule und heule, nicht laut und wütend wie heute Nachmittag, sondern leise und schluchzend und so, dass es mich richtig schüttelt. Und die ganze Zeit hält mich meine Schwester, sie hält mich noch immer, als keine Tränen mehr kommen und kein Schluchzer, sondern nur noch Atem, der sich langsam beruhigt. Dann öffnet sie ihre Arme wieder und stellt aufs Neue ihre Frage.

»Ich kann's einfach nicht mehr«, antworte ich leise. »Aber Lale umso besser.«

»Du meinst, Mathe?«

»Mhm.«

Josefine beugt sich zur Seite und knipst das Licht genauso unvermittelt aus, wie sie es angestellt hat. »Und deshalb bist du neidisch auf sie? Und sauer und voller Hass, obwohl du in sie verliebt bist?«

Diese Kellerdunkelheit hat auch ihr Gutes. Denn es gibt Sachen, die man nur sagen kann, wenn man dabei

nicht zu sehen ist, zum Beispiel: »Ja.« Und: »Ich kann das nicht erklären, es ist genauso unlogisch wie alles andere.«

»Du musst auch nichts erklären«, sagt Josefine und legt sich raschelnd wieder hin.

Ich mache es ihr nach und mummle mich wieder unter meine Decke. Eine Weile liegen wir nur da, und ich frag mich schon, ob meine Schwester eingeschlafen ist, aber da raschelt sie noch mal von der einen Seite auf die andere.

»Malte?«

»Ja?«

»Ich hab auch was verkackt«, sagt sie. »Mit unserem Vater. Er hat mich nicht sitzen lassen. Nicht wirklich. Jahrelang hat er probiert, den Kontakt zu mir zu halten. Hat mir geschrieben, hat versucht mich anzurufen, hat mir Geburtstagsgeschenke geschickt. Aber ich konnte nicht auf ihn eingehen. Ich war auch voller Hass und voller Liebe und von oben bis unten unlogisch.«

16

Dann ist es Morgen und das Leben soll weitergehen, Frühstück, Schule, alles, aber ich hab keine Ahnung, wie. Spätestens im Bus wird mir klar, dass ich da nicht hin kann, also in die Schule, wo alles so funktionieren soll wie immer?

»Das geht nicht«, murmle ich, kaum dass Josefine und ich uns gesetzt haben.

»Was geht nicht?«

Dummerweise sitzt sie am Gang, sodass ich nicht mir nichts, dir nichts zurück zur Tür gelangen kann.

»Ich hab heute Mathe«, sage ich, ohne meine Schwester anzugucken. »Nicht bei Zerhusen, aber der Schulz redet immer mit dem über mich. Bestimmt hat Zerhusen ihm schon gesagt, was passiert ist, und Schulz will mich beiseitenehmen und mit mir über alles sprechen.«

»Malte!« Josefine schaltet sofort. »Wenn irgendwas nicht geht, dann das, was du jetzt vorhast.«

Ich hebe meinen Rucksack aus dem Fußraum und winde mich hinein. »Du schwänzt doch selbst andauernd.«

»Aber du nicht! Hast du das kapiert?«

»Aha, und warum du und nicht ich?«

»Weil ...« Der Bus ruckelt, und es ist, als würden Josefine die zurechtgelegten Worte unausgesprochen aus dem Mund purzeln. Dann aber holt sie Luft, saugt sie sozusagen wieder ein, spielt kurz mit ihrem Oberlippenpiercing und sagt: »Weil es falsch ist. Und feige. Und weil ich nicht will, dass du genau denselben Mist baust wie ich. Es lohnt sich nicht, verstehst du? Man rennt nur weg und nichts wird besser. Alles wird nur noch ein bisschen beschissener für einen selbst. Stress mit den Lehrern, Stress mit den Eltern, bei allen unbeliebt sein.«

Nun muss ich doch zu ihr hingucken, muss sehen, ob sie das ernst meint. »Ich denke, du machst das, weil du keinen Bock auf irgendwelche Spießerlehrer und ihr dummes Gesülz hast. Oder auf die braven Mädels in deiner Klasse.«

»Schließt sich das aus?!«, sagt sie nur.

Der Bus hält, Leute steigen aus, andere ein. Der Bus fährt weiter und ich sitze immer noch drin.

»Du schreibst doch dann auch deine Gedichte«, versuche ich es noch mal. »Vielleicht wirst du ja mal berühmt damit, und dann erzählen sich alle, dass du schon in deiner Jugend lieber geschrieben hast als zur Schule zu gehen.«

»Echt tolle Story!«, fährt Josefine mich an. »Die hochbegabte Lyrikerin, die das Abi geschmissen und stattdessen wie ihre Mutter bei der Post gejobbt hat, weil sie schon früh das verlogene Schulsystem durchblickt hat. Sie werden Filme über mich drehen!«

»Jetzt klingst du wie Papa!«, gebe ich zurück, und Josefine: »Er hat ja auch recht!«, und ich: »Aber du hast gesagt ...«, und sie: »Sei endlich still!«

Da bin ich still, der Bus fährt immer noch weiter, kommt der Schule mit jeder Station, an der ich nicht aussteige, näher, jetzt sind auch Leute aus meiner Klasse zu sehen, Valeria und ganz vorne auch Mats, Josefine sitzt breit zwischen mir und dem Gang, und in mir kriecht die Panik hoch.

»Ich kann nicht«, flüstere ich, als das Schulgebäude sichtbar wird.

»Du kannst sehr wohl!«, sagt Josefine ungerührt. Dann steht sie von ihrem Platz auf, zieht die Kapuze über und setzt ihren eigenen Rucksack auf. »Und ich kann auch.«

Und meine Schwester hat recht: Ich kann tatsächlich. Es läuft sogar erstaunlich normal in der Schule. Als ich mich zu Mats und Philipp stelle, scheinen sie sich zu freuen, besonders, weil ich nun doch mal genauer nach ihrer Schlafparty frage.

»Wir haben bis halb drei gezockt«, sagt Mats.

Dann erzählen sie von den Kämpfen, in die sie geraten sind, und von neuen Missionen, die sie durchführen konnten, weil Philipp auf irgendwelchen Wegen, die ich nicht kenne und auch nicht unbedingt kennenlernen möchte, zwei Erweiterungspakete runtergeladen hat.

»Cool«, sage ich, »da will ich so bald wie möglich mal wieder mitspielen«, und die beiden machen überraschte Gesichter.

»Musst du doch nicht mehr so viel für die Matheolympiade üben?«, fragt Mats, und als ich abwinke und wie nebenbei sage, dass ich da ein bisschen das Interesse verloren hab, bietet Philipp sofort an, dass wir nach der Schule wieder mit zu ihm kommen.

Dann fängt der Unterricht an, und es ist kaum zu fassen, dass auch dort alles so weiterläuft, als wäre nichts passiert. In Englisch muss ich im Gang die Arbeit nachschreiben, was weder richtig schlecht klappt noch richtig gut, aber insgesamt ganz okay ist, in Werte und Normen redet die Janßen-Weiland irgendwas über das Sozialverhalten von Schweinen, und kein Mensch weiß, auf welches Thema sich ihre diesbezüglichen Erkenntnisse beziehen, und Schulz lässt mich in Mathe die ganze Zeit in Ruhe. Auch die Pausen sind easy, weil es beide Male regnet und wir in den Klassen bleiben dürfen. Einfach am Tisch sitzen bleiben, Brot essen, bisschen quatschen, bisschen dösen.

Erst als ich mittags vor dem Schultor zu Hause durchklingle und Bescheid geben will, dass ich mit zu Philipp fahre, kommt der ganze Stress zurück. Mama ist nämlich nicht einverstanden.

»Hier hat heute das Telefon geklingelt«, sagt sie. »Erst hab ich befürchtet, es wäre wieder was mit Josefine, als ich die Schulnummer gesehen habe. Aber es war Herr Zerhusen. Er wird sich am Nachmittag noch mal melden und mit dir persönlich reden.«

Mir schießt Hitze in den Kopf. Will ich mit Zerhusen telefonieren? Nein! Und dann sagt Mama auch noch, das Mathethema wäre uns gestern ja ein bisschen durchgerutscht, darüber wollen Papa und sie auch noch mal mit mir sprechen. Und zwar heute. Was ich möchte, scheint bei all dem nebensächlich zu sein.

»Aber Mats und Philipp stehen neben mir und warten«, probiere ich es noch mal.

»Ein andermal gern«, sagt Mama und damit ist das Telefonat quasi beendet.

»Schade!«, sagt Philipp, ohne dass ich irgendwas erklären muss, und Mats meint, dann eben demnächst mal wieder, wir könnten ja über die Dreiergruppe was ausmachen.

Dann gelangen wir zu den Bushaltestellen, sagen Tschüss, sie wechseln zusammen die Straßenseite, ich bleibe auf dieser. Immerhin treffe ich Josefine, die schon neben dem Haltestellenschild steht und unter ihrer Kapuze Musik hört.

»Hey, ich sehe, du hast bis zum Schluss durchgehalten«, sagt sie und pfriemelt sich einen Bluetooth-Stöpsel aus dem Ohr.

»Ja, du auch, oder?«

»Siehste doch.« Sie grinst ihr schiefes Grinsen. »Dir ist klar, dass ich den Mist für dich über mich ergehen lassen hab, oder?«

»Bluff hier nicht wieder rum!« Ich grinse auch, so gut es geht. »Das hast du hoffentlich für dich selbst getan.«

Dann kommt der Bus um die Ecke, und ich winke noch mal zu Mats und Philipp rüber, bevor er sich zwischen uns schiebt und langsam zum Bordstein hin absenkt.

»Zurück zum Irrenhaus Ripken?«, fragt Josefine.

»Muss ja«, antworte ich und gehe zur Hintertür, die mit ihrem gewohnten Zischen aufschwingt.

Ich hab noch nie in meinem Leben mit einem Lehrer telefoniert, und als Mama nach mir ruft und mir den Apparat ein Stück die Treppe hoch entgegenträgt, wird mein Mund so trocken, dass ich kaum ein Hallo über die Lippen bekomme.

»Malte!«, sagt Zerhusen. »Wie geht es dir?«

Eilig verziehe ich mich in mein Zimmer und mache die Tür hinter mir zu. Trotzdem hab ich das Gefühl, das ganze Haus hört mit, als ich möglichst harmlos antworte: »Gut.«

»Hat deine Mutter dir ausgerichtet, dass ich heute schon mal angerufen hab?«

»Mhmmmm«, mache ich unbestimmt.

»Und dass ich der Meinung bin, du solltest noch mal genauer über die Matheolympiade nachdenken?«

Mama hat es mir ausgerichtet, aber eine Zustimmung verkneife ich mir trotzdem. Wer weiß, was Zerhusen sich sonst verspricht.

Er wartet eine Weile, und als ich immer noch schweige, fährt er fort: »Deine Mutter hat mir erzählt, dass ihr ein paar Schwierigkeiten zu Hause hattet.«

Ich setze mich auf die Bettkante. Ein paar Schwierigkeiten. So kann man es auch nennen.

»Da ist es nicht verwunderlich, wenn man blockiert ist«, sagt Zerhusen jetzt. »Und dann warst du auch noch krank und hast ein bisschen was verpasst.«

Ich kann einfach schweigen.

»Das heißt aber nicht, dass du das Handtuch schmeißen solltest.«

Immer noch schweigen.

»Du kannst das alles, Malte. Ich unterstütze dich auch, versprochen!«

Einfach weiterschweigen.

»Bist du noch dran?«, fragt Zerhusen.

»Mhmmmm, ja.«

»Gut. Am besten, wir machen sofort was aus. Wie wär's morgen nach Schulschluss?«

Ich hole Luft, kann nichts erwidern.

»Ja? Malte?«

Da sage ich es. Sage, dass ich nicht will. Nicht mehr.

Nun schweigt Zerhusen.

»Verstehen Sie?«

»Ja ... ja.« Er räuspert sich. »Dann lass ich dich jetzt in Ruhe, okay?«

»Okay. Tschüss.«

»Tschüss, Malte.«

Wir drücken das Gespräch weg, erst er, dann ich. Das Telefon lege ich neben mich aufs Bett. Aber noch fünf Minuten später hab ich das Gefühl, das Haus würde mit all seinen Wänden und Winkeln lauschen.

Bis nach dem Abendessen lassen Mama und Papa mich in Ruhe. Doch als ich mich wieder verdrücken will, fängt Papa mich ab, und mein Herz beginnt wild zu pochen.

»Du weißt schon«, sagt er und stellt sich mir groß und breit in den Weg. »Mama und ich würden gerne noch mal mit dir über die Landesrunde reden.«

»Ich mach das nicht«, sage ich schnell. »Hab ich Zerhusen auch schon gesagt. Und Mama meinte gestern, ich muss nicht.«

Papa sackt ein wenig zusammen. »Natürlich *musst* du nicht. Dieser Wettbewerb ist vollkommen freiwillig.«

»Aber?«

»Malte!« Papa richtet sich wieder auf. »Was ist denn da eigentlich los? Seit Monaten dreht sich doch alles um diese Olympiade. Du hattest einen Traum ... einen großen Traum! Du wolltest zu *Jugend trainiert Mathematik* fahren, weißt du nicht mehr? Du wolltest das schaffen!«

Ich presse die Lippen zusammen.

»Hat deine Entscheidung mit Mama und mir zu tun?«, fährt Papa fort. »Und mit all dem, was wir hier gerade durchmachen?«

»Nein.« Unauffällig versuche ich, mich an ihm vorbeizuschieben, aber Papa macht eine Bewegung zur Seite und bleibt dicht vor mir.

»Du kannst uns das ruhig sagen«, mischt sich nun auch Mama ein. »Ich denke, nach allem, worüber wir gestern gesprochen haben, musst du kein Blatt vor den Mund nehmen.«

»Seid ihr eigentlich ein bisschen blöde?«, kommt es da vom Tisch her, wo Josefine noch immer sitzt und futtert. »Glaubt ihr wirklich, alles in Maltes Leben hätte mit euch zu tun?«

Papas Blick, der die ganze Zeit auf mir gehaftet hat, wandert zu ihr rüber, und ich könnte ihm jetzt entkommen, aber stattdessen drehe ich mich zu meiner Schwester um.

Sie stochert mit der Gabel im Olivenglas, wird fündig, zupft die Olive mit den Zähnen ab, kaut mit offenem Mund darauf rum. »Wenn ihr mal ein bisschen eher angefangen hättet, mit ihm wie mit einem normalen Menschen zu reden, wüsstet ihr vielleicht auch, dass ihn auch noch andere Dinge umtreiben als Mathe oder seine bekloppten Eltern«, sagt sie dann. »Mädchen zum Beispiel.«

»Mädchen!«, echot Papa. »Das ist doch ... Stimmt das, Malte? Passiert das alles wegen einem Mädchen? Etwa wegen dieser Gutaussehenden von der IGS? Oder einer anderen? Aus dem Matheclub? Oder deiner Klasse? Hab ich irgendwas verpasst?«

»Das kann ja wohl nicht wahr sein!« Mama starrt mich fassungslos an und Josefine beginnt zu lachen.

»Tja, Anja, dein kleiner Malte ist in puncto Mädels fast so leidenschaftlich wie sein Vater. Damit musst du jetzt wohl oder übel leben.«

Als ich das höre, versuche ich doch wieder, die Flucht zu ergreifen. Diesmal gelingt es mir sogar, sie halten mich nicht weiter auf. Und während ich die Treppen hinauffliehe, hallt es in meinen Ohren nach: *In puncto Mädels, in puncto Mädels, in puncto Mädels.*

Dabei ist es wirklich nur die Eine.

Es ist Lale, die mich *umtreibt*, Lale, die mir gar nichts Schlimmes getan hat. Die mir im Gegenteil nur helfen wollte, obwohl sie sich eigentlich hätte freuen können, dass ich gegen sie bei der Landesrunde keine Schnitte hab, und die ich trotzdem behandelt hab wie ein Stück Dreck.

Und ich frage mich, warum in einem so viel Schlechtes steckt, obwohl man doch eigentlich ein ganz normaler Mensch ist. Warum man dauernd Fehler macht und um sich tritt und denjenigen Menschen am meisten wehtut, die einem am wichtigsten sind.

Statt ihnen zu sagen, was man wirklich denkt. Zum Beispiel, wie gern man sie hat. Und zwar, bevor es zu spät ist.

17

In den nächsten Tagen lassen mich alle in Frieden. Die Schule geht wieder weiter, wie die Schule eben immer weitergeht, das Wochenende kommt, und es ist still wie in einer Gruft. Mama sitzt in ihrem Arbeitszimmer und übersetzt, Josefine hockt im Keller und stellt höchstens mal ganz leise Musik an und Papa geht zum Tennistraining.

Nicht mal auf dem Telefon ist was los, das müssten all die Leute sehen, die immer stöhnen, dass sie sich vor Nachrichten nicht retten können. Selbst Mats und Philipp melden sich nicht, vermutlich weil Mats ein Fußballspiel hat und Philipp schon am Donnerstag in der Schule erzählt hat, dass bei ihm zu Hause Stress ist, seine Mutter hätte mitgekriegt, dass er Sachen downloadet, die er eigentlich nicht downloaden darf, und jetzt müsste er ein bisschen vorsichtig sein.

Also gehe ich, weil das Wetter gut ist, zweimal Fahrrad fahren, am Freitag in der Landwehr, wo schon hier und da kleine weiße Blüten hervorkommen und die Sträucher ihre Knospen bekommen, am Samstag durch die Stadt, aber so richtig bringt es das auch nicht. Ich kurve durch die Straßen, komme am Krankenhaus vorbei, in dem ich geboren bin, als das Baby, das schließlich doch alle haben wollten, auch wenn es eine andere Familie zerstört hat, und an der IGS, die ruhig und verlassen dasteht und sich den Waschbeton von der Vorfrühlingssonne bescheinen lässt.

Der Hof ist frei zugängig, ich fahre drauf und steige vom Rad ab, überlege, wo Lale wohl in den Pausen mit ihren Freundinnen rumsteht, unter dem Vordach oder hinten bei den Holzbänken, gucke durch die Fenster in die Klassenzimmer, vielleicht auch in ihres, sehe mir die Sporthalle an, in der sie Volleyball trainiert, versuche, irgendwas von ihr zu spüren, doch sie ist nicht da, ist so weit weg, wie jemand nur weg sein kann. Also steige ich wieder auf und fahre weiter, mache noch einen Schlenker zum REWE, kaufe mir eine Club-Mate und eine Tüte Chips, hab dann aber keine Lust, mich irgendwo allein damit hinzusetzen, und nehme sie mit nach Hause.

»Bin wieder da-ha!«, rufe ich und lege den Helm auf seine Ablage. Erst, als ich schon fast auf der Treppe bin, bemerke ich die Schuhe, die im Flur stehen und nicht dort hingehören. Große, etwas runtergelatschte Sneakers, die nur eine einzige Person trägt, die ich kenne. Und dann höre ich auch, wie die Person die Kellertreppe hochschlufft und sagt: »Hallo, Malte.«

Kolja folgt mir unaufgefordert in mein Zimmer, und ich frage mich, warum eigentlich, schließlich hat er es aus irgendwelchen Gründen nach unten zu Josefine geschafft, und da will er ja bestimmt auch wieder hin, anbaggermäßig, wie er drauf ist.

»Was soll das?«, frage ich, als er sich auch noch auf den Schreibtischstuhl setzt und einfach meinen Computer hochfährt.

»Du bist ja echt freundlich zu einem Gast.« Kolja dreht sich auf dem Stuhl zu mir um. »Biete mir lieber mal welche von deinen Chips an.«

Da dämmert mir, dass das hier wieder ein Manöver darstellt, eins der übelsten Sorte, das über Festnetzanrufe und Befragungen auf dem Schulhof weit hinaus geht, nämlich ein ekelhaftes Ich-tue-so-als-wollte-ich-Maltebesuchen-und-verschaffe-mir-auf-diesem-Weg-direkten-Zugang-zu-seiner-Schwester. Und so einer war mal mein Freund. Ich lege Chips und Club-Mate-Flasche auf mein Bett und deute zur Tür. »Du kannst Josefine sagen, es passt mir gerade nicht. Wollen doch mal sehen, ob sie dich dann noch mal zu sich reinlässt.«

Kolja denkt gar nicht daran aufzustehen. Er schwingt nur zurück zum Schreibtisch und klickt sich ins Internet.

»Die will nämlich nichts von dir«, füge ich ärgerlich hinzu. »Falls du's noch nicht bemerkt hast.«

»Ich habe es bemerkt«, entgegnet Kolja, ohne mit dem Klicken aufzuhören. »Sie hat mir schon letzte Woche in der Schule gesagt, dass aus uns nichts wird. Und ich hab's überlebt. Zufrieden?«

Für einen Moment verschlägt es mir die Sprache. Sie haben geredet. Übers Mögen und Nichtmögen, ganz direkt. Und für Kolja dabei rausgekommen ist das Nichtgemochtwerden, das Verlieren und Doofdastehen und Leerausgehen, und er tut mir einen Moment lang richtig leid. Aber dann werde ich wieder misstrauisch, frage: »Warum warst du dann eben bei ihr?«

Nun dreht Kolja sich doch zu mir um. »Weil sie mir angeboten hat, in ihrem Zimmer auf dich zu warten. Dass sie nichts von mir will, heißt ja nicht, dass wir uns nicht zumindest mal ein bisschen unterhalten können, oder bist du anderer Meinung?«

»Ich ...« Wieder weiß ich nicht, was ich sagen soll.

»Mann, Malte!«, stöhnt Kolja da. »Ich bin nicht zu *ihr* gekommen, kapierst du's langsam mal? Ich bin hier, um mit dir Mathe zu üben.«

»Aber ... wieso?«

»Wieso!«, äfft er mich nach. »Weil ich den Eindruck hatte, das könntest du gerade ganz gut gebrauchen. Oder glaubst du etwa selbst an diesen Stuss, dass du nichts mehr mit der Landesrunde zu tun haben willst? Ich nicht, früher oder später änderst du deine Meinung, also lass uns lieber reinhauen. Ich bin zwar nicht so ein Mathebrain wie du, aber ganz doof bin ich auch nicht, und immerhin hab ich schon ein paar Jahre länger Unterricht als du.«

»Kolja, ich ...« Wie ferngesteuert greife ich zur Chipstüte, reiße sie auf, halte sie ihm entgegen. »Ich meine doch: Wieso bist du gekommen? Also, zu mir? Ich hab dir auch nicht geholfen, als du was von Josefine wolltest.«

Kolja greift in die Tüte und stopft sich krachend eine Ladung Chips in den Mund. Dann legt er die Hand wieder auf die Maus und die andere auf die Tastatur, kaut und krümelt ein bisschen, als er sagt: »Laber nicht, Malte, sondern lass uns endlich anfangen. Oder muss ich dir erst allen Ernstes versichern, dass wir *Freunde* sind, auch wenn wir das zwischendurch beide 'n bisschen verpennt haben?«

Vielleicht ist es das Unlogischste in diesen Tagen, in denen es nicht mehr wahr und unwahr gibt und B nicht mehr aus A folgt, dass die Logik auf einmal wieder funktioniert. Jedenfalls, wenn Kolja neben mir sitzt, Kolja, mein Freund. Wenn er mir was erklärt oder zuhört, wenn ich versuche, ihm was zu erklären. Wenn wir zusammen googeln und uns auf meiner Lieblingsmatheseite Tutorials angucken. Und wenn wir zusammen Aufgaben bearbeiten, die plötzlich Lösungen haben statt offener Enden.

»Das heißt aber nicht, dass ich jetzt doch an der Landesrunde teilnehme«, sage ich, und Kolja: »Jaja, red du mal«, und ich: »Das mein ich ernst«, und er: »Jetzt weiter«, und dann machen wir weiter, und wieder ist alles auf so unlogische Weise logisch.

Vielleicht muss es aber auch so sein. Genau wie das andere, das vielleicht noch Seltsamere. Wir laufen gegen Abend die Treppe runter, also Kolja und ich, und Kolja will sich von Josefine verabschieden. Geht also weiter in den Keller, ich hör ihn unten klopfen, hör ihn auch die Klinke runterdrücken, aber dann ist es still, und kurz darauf kommt er wieder hochgestapft.

»Nicht da.«

»Huch«, sage ich, zucke die Achseln und rufe durch die Tür von Mamas Arbeitszimmer: »Wo ist Josefine?«

»Mit Papa Sushi essen!«, kommt es zurück. »Sie wollten dich nicht stören. Mach dir bitte selbst was zu essen, ich bin hier noch beschäftigt, ja?«, und auch wenn Kolja das vermutlich für eine ganz normale Familienaussage hält, dämmert mir sofort, dass es sich dabei um eine Art Wunder handelt.

»Dann grüß sie mal von mir«, sagt Kolja und hockt sich hin, um seine Sneakers anzuziehen.

»Mach ich«, verspreche ich und meine es auch so.

»Morgen Nachmittag dann bei mir?« Er rappelt sich auf.

»Alles klar.«

»Noch mal die Tangensfunktion?«

»Ja, und danach Volumina.«

Kolja grinst noch kurz, dann verschwindet er nach draußen, und ich bleibe allein zurück.

Eine Weile stehe ich einfach nur da und stelle mir vor, wie Papa zusammen mit meiner Schwester im Sushi-Restaurant sitzt, wie sie sich am Anfang vielleicht ein bisschen anschweigen, dann aber bestellen und, während sie aufs Essen warten, ein Gespräch anfangen. Erst reden sie nur über unwichtige Sachen, aber irgendwann haut Josefine einen Spruch raus und Papa stutzt, und danach geht es Schlag auf Schlag. Ich kann genau vor mir sehen, wie sie sich gegenseitig die Sätze an den Kopf knallen, traurige und wütende und irgendwann hoffentlich auch versöhnliche, all die Dinge, die sie sich jahrelang nicht gesagt haben, sondern nur hundert- und tausendmal in ihren Köpfen. Ich sitze sozusagen am Nebentisch und linse zu ihnen rüber und schnappe ein bisschen was auf und höre weg, wenn mich was nichts angeht. Es fühlt sich komisch an, so außen vor zu sein, aber trotzdem ist es okay, denn jahrelang war ich es, der unseren Vater für sich allein hatte, und Josefine war ausgeschlossen ... oder hat sich selbst ausgeschlossen ... oder alles beides. Da kann sie das ruhig auch mal haben.

Und nun wird es wirklich seltsam, weil ich nicht nur den Tisch mit den beiden sehe, sondern haarscharf daneben auch Josefines Mutter in ihrem unordentlichen Klinikzimmer, eine ihrer Teebeuteltassen in der Hand und den Kopftuchkopf in die andere Hand gestützt, während aus der Boombox etwas zu laute Musik spielt, und sogar Mama, die wie in ganz normalen Zeiten am Wochenende über ihren Übersetzungen hockt, aber bestimmt noch ab und zu daran denkt, wie schwierig es war, als sie schwanger war und Papa mich zuerst nicht wollte. Und ich bin auf niemanden mehr böse, es tut auch nicht mehr so weh, ich denk nur, dass es eben kompliziert ist, so wie es ist, besonders wenn man ehrlich zueinander ist, und mir kommt wieder Kolja in den Sinn und dass wir Freunde sind, obwohl auch das nicht mehr ganz klar war. Vielleicht sogar bessere Freunde als je zuvor, genau wie ich Mathe heute Abend fast noch ein bisschen lieber mag als früher.

Dann merke ich, dass ich Hunger hab, Chips hin oder her, und weil das Sushi, das jetzt am Tisch-in-meinem-Kopf auf einem Bambusbrettchen serviert wird, nicht für mich ist, sondern für meine Schwester, gehe ich in die Küche und schmiere mir ein paar Brote. Die sind auch gut.

18

»Malte!« Mit überraschter Miene tritt der Zerhusen aus der Lehrerzimmertür. Er sieht sogar ein wenig erfreut aus, jedenfalls freundlich, und das ist ja schon mal eine gute Voraussetzung für das, was ich loswerden will. »Was kann ich für dich tun?«

Kurz schiele ich über die Schulter zu Mats und Philipp, die mich begleitet haben und nun wie zwei Bodyguards hinter mir im Gang des Verwaltungstrakts stehen, dann sehe ich Zerhusen ins Gesicht und sage: »Ich fahre doch hin.«

Er braucht ein, zwei, drei Sekunden, um zu schalten, dann sieht er *wirklich* erfreut aus, lächelt von einem Ohr zum anderen, sagt: »Jetzt bin ich aber erleichtert!«, und ich glaub, es fehlt nicht viel, dass er mich in die Arme nimmt, jedenfalls zuckt seine rechte Hand verdächtig nach oben.

»Aber«, sage ich da und die Hand wandert wieder abwärts.

»Was aber?«

Am liebsten möchte ich wegsehen, möchte mich ducken, umdrehen, mit Mats und Philipp abhauen, doch ich zwinge mich, seinem Blick standzuhalten. »Ich komm bis dahin nicht mehr zum Matheclub. Kolja übt mit mir.«

Zerhusens Lächeln schrumpft zusammen, verschwindet aber nicht ganz aus seinem Gesicht.

»Ich kann mich so besser konzentrieren«, füge ich schnell hinzu.

Nun wird sein Lächeln wieder breiter, wird fast zu einem Grinsen. »Verstehe.«

Was er versteht, erläutert er nicht weiter, aber trotzdem spüre ich, wie ich rot werde.

»Gut, dass ich deine Anmeldung noch nicht zurückgezogen hab«, sagt er, dann kratzt er sich hinterm Ohr und schweigt, und ich hab keine Ahnung, ob das Gespräch vorbei ist oder nicht.

»Ja, also ...«, murmle ich und will mich gerade umdrehen, aber da berührt er tatsächlich meinen Arm.

»Du hast ja jetzt meine Telefonnummer«, sagt er. »Scheu dich nicht anzurufen, wenn du Fragen hast. Ich weiß, dass du wenig Anleitung brauchst und sehr gut alleine arbeiten kannst. Aber für den Fall der Fälle. Wir haben es ja immer so gehalten: Hilfe auf Zuruf! Stimmt's?«

Und da, plötzlich, hab ich das Gefühl, er ist wieder mein Zerhusen, genau wie er Lales Zerhusen ist und Koljas und Pias, Gregors, Chens und Leonies, einfach, weil er sich kümmert und Mathe mag und darum auch uns, die Mathe genauso mögen.

»Danke«, sage ich und er sagt: »Ich danke dir«, und damit ist das Gespräch tatsächlich zu Ende.

»Noch in die Cafeteria?«, fragt Philipp, und wir laufen los, um noch ein bisschen was von der Pause zu haben und uns von Frings' Erdkundequalen zu erholen.

»Eigentlich wollte ich euch sagen, dass wir uns in den nächsten Tagen auch mal bei mir treffen können«, sagt Mats, während wir die Treppe runterhasten. »Meinen Eltern ist es recht, wenn ihr einfach mal mitkommt, solange wir nicht die ganze Zeit zocken. Aber wenn du jetzt doch wieder Mathe lernen musst, Malte ...«

»Na und, ist ja egal.« Ich sage es schneller, als ich denken kann, aber auch, nachdem ich die Glastür zur Cafeteria aufgestoßen und schon drei Momente über meine Antwort nachgedacht habe, kommt sie mir noch richtig vor. Es ist wirklich egal, ob ich einen Nachmittag aussetze oder nicht. Weil, Mathe ist das eine. Aber es ist auch nicht alles, irgendwie. Mich mit Mats und Philipp zu treffen, ist schließlich auch was. Oder mit Kolja, und zwar nicht nur zum Lernen, sondern auch zum Quatschen und überhaupt. Oder mit meiner Schwester zusammenzusitzen, jedenfalls solange sie noch bei uns ist.

Suchend gucke ich mich im Gewimmel um, halte Ausschau nach Josefine und frag mich schon, ob sie nun doch wieder schwänzt, auch wenn sie mir versprochen hat, es zu lassen, wenn ich es lasse, aber da entdecke ich sie an einem der hinteren Tische, gleich an der Fensterfront, wo sie sich mit ein paar anderen Mädchen aus der Zehnten unterhält. Okay, vielleicht ist sie nicht unbedingt diejenige, die supertoll in diese Gruppe passt, klamotten- und piercingmäßig, und auch nicht die, die die Unterhaltung groß vorantreibt. Aber immerhin hat sie nicht die Ohren zugestöpselt, nicht mal die Kapuze hat sie aufgesetzt, und Mörderblicke schleudert sie auch nicht um sich, sondern sagt manchmal was und guckt manchmal aus dem Fenster, und als ich in ihre Richtung winke, merkt sie auf und winkt zurück.

Dann entdecke ich Kolja in der Essensschlange. Er steht dort hinter einem Mädchen, das sich halb zu ihm umgedreht hat, und lacht über irgendwas. Einen Augenblick überlege ich, ob ich zu ihm gehen und Hallo sagen soll, aber dann lasse ich ihn lieber in Ruhe. Nicht, weil er in der Schule nichts mit einem Siebtklässler zu tun haben möchte. Sondern weil dieses Mädchen ihn gerade echt nett anguckt und nun ihrerseits über das, was er sagt, lacht, und da wäre es vielleicht etwas unpassend, mich dazwischenzudrängeln. Ich kann ihn ja am Nachmittag fragen, wer sie ist und ob er sie gut findet.

»Also«, sage ich darum und drehe mich wieder zu Mats und Philipp um. »Wann wollen wir uns treffen?«

Mittags beeile ich mich, zur Bushaltestelle zu kommen. Lale über den Weg zu laufen, wenn sie von der IGS zum Matheclub rüberkommt, das brauche ich echt nicht.

Also jogge ich einfach los, gucke nicht nach links oder rechts und erwische tatsächlich einen Bus früher als sonst. Aber das Ganze ist echt stressig, und während ich total außer Atem im Ziehharmonikaknick des überfüllten Busses stehe, die schwankenden Bewegungen der Drehscheibe versuche auszubalancieren und in der viel zu heißen Heizungsluft wie verrückt schwitze, wird mir klar, dass ich etwas tun muss. Denn ich kann zwar dem Matheclub fernbleiben, aber spätestens beim Wettbewerb werde ich Lale treffen, wir werden gemeinsam mit Zerhusen hinfahren und den ganzen Tag zusammen verbringen, und wie, bitte, soll das funktionieren, wenn ich nicht ...

Ja, wenn ich nicht was? Ihr erklären, dass ich das, was ich gesagt hab, selber blöd finde? Geht das überhaupt? Ist es damit getan, dass man sagt: *Sorry, ich hab's nicht so gemeint?*, obwohl man es im entscheidenden Augenblick leider doch so meinte, wie es geklungen hat, und man erst danach gemerkt hat, dass es ein Fehler war? Ist es nicht ein Witz, überhaupt zu versuchen, so eine üble Sache wiedergutzumachen?

»Alles klar bei dir?«, fragt plötzlich jemand hinter meinem Rücken, und während ich mich umdrehe, verliere ich fast das Gleichgewicht, aber dann sehe ich, wie meine Schwester sich zwischen einem dicken Mann und einer dünnen Frau zu mir durchkämpft.

»Du bist ja auch schon im Bus«, stelle ich fest.

»Schnellmerker!« Sie gibt mir einen Stups, der mich wieder gefährlich ins Wanken bringt.

»Hattest du es denn auch eilig, heute Mittag?«

»An und für sich nicht.« Sie lehnt sich gegen den Kunststoff des Faltenbalgs. »Aber wenn ich meinen kleinen Bruder wie 'ne gesengte Sau von der Schule davonrasen sehe, will ich doch wissen, was los ist.«

»Bist du mir hinterhergelaufen?«

»Scharf kombiniert.« Sie grinst. »Mit dem Unterschied, dass ich 'ne bessere Kondition hab als du. Also schieß los! Wovor bist du davongerannt, als wollte dir jemand an den Kragen? Ging doch letzte Woche alles ganz gut in der Schule.«

»Ja klar, nur ...« Ich gucke zu der dünnen Frau, die

über Josefines Schulter zu uns rüberlinst, und senke meine Stimme. »Heute ist Montag. Lale wäre jeden Moment aufgetaucht.«

Josefine seufzt. »Konntest du immer noch nicht klären, was zwischen euch vorgefallen ist?«

»Immer noch nicht?« Mich durchfährt ein Kribbeln, als hätte mich etwas unter Strom gesetzt. »Was hätte ich denn sagen sollen?«

»Soll das heißen, du hast es nicht mal versucht?« Josefine schließt fassungslos die Augen und verkündet mir und allen interessierten Zuhörern im Bus: »Oh, Malte Ripken! Manchmal bist du echt noch ein dummer kleiner Junge.«

Ich schreibe Lale eine Nachricht, bevor ich zu Kolja radle. Ich schreibe noch zwei weitere, als ich wieder zurück bin. *Es tut mir leid, ich hätte das nicht sagen sollen, übrigens, ich fahre doch mit zur Landesrunde.*

Sie reagiert nicht.

»Scheiße!«, sagt Josefine, als ich in ihr Zimmer komme und es ihr erzähle. Dann steht sie von ihrer Schlafcouch auf und nimmt mir mein Telefon aus der Hand.

»Was machst du da?«

Sie ignoriert mich, ruft den Nachrichtenverlauf auf und lässt ihre Daumen über das Tastaturfeld fliegen.

»Hey!«

Sie dreht sich einfach weg, wehrt mich mit dem Ellbogen ab, und als ich mein Telefon endlich erwische, hat sie schon eine Nachricht abgeschickt.

Hallo, hier ist Josefine, Maltes große Schwester. Es tut ihm wirklich, wirklich leid, er kann's nur nicht besser sagen. (Jungs!) Weißt du, er mag dich, aber es ist ihm peinlich, deswegen konnte es überhaupt zu all dem kommen.

»Was hast du getan?!«, schreie ich sie an.

Wenige Augenblicke später piepst eine Nachricht rein.

»Dafür gesorgt, dass sie deine Entschuldigung annimmt«, antwortet Josefine. Ich will nach meinem Telefon greifen, aber sie lässt mir keine Chance. Immerhin hält sie es so, dass ich mitlesen kann.

Hallo, Josefine. Ich mag ihn eigentlich auch und genau das ist das Problem. Sonst könnte es mir ja egal sein, wenn er mich behandelt, als wäre ich eine Idiotin. Ist es aber nicht!

Ja, das würde mich auch anpissen, schreibt Josefine. *Aber wenn du wüsstest, was bei uns alles los war, würdest du wahrscheinlich verstehen, warum er in letzter Zeit so neben sich stand.*

Oh!, schreibt Lale. *Ich nehme an, es handelt sich nicht um die Renovierung seines Zimmers ...*

Nein, eher um eine Renovierung seiner selbst, antwortet

Josefine. *Vielleicht erklärt er es dir eines Tages selbst.* Dann überreicht sie mir feierlich mein Telefon.

»Du hast sie ja nicht mehr alle!«, fauche ich und schließe eilig die App. Aber eigentlich bin ich gar nicht sauer auf meine Schwester. Nicht wirklich. Ich bin fast ein bisschen dankbar, dass sie mir das mit der Entschuldigung abgenommen hat. Und Lale entlockt hat, dass sie mich mag ... zumindest eigentlich. Außerdem hat Josefine geschrieben: *bei uns.*

»Maaaalte, Josefiiiine, es gibt Abendbrot!«, ruft da prompt Mamas Stimme von oben, und es klingt, als wäre es tatsächlich so was Ähnliches wie normal geworden, dass wir nun zu viert sind.

»Woll'n wir?«, fragt meine Schwester.

»Okay«, sage ich. Und merke plötzlich, wie hungrig ich bin.

19

Normal wird in der nächsten Zeit alles Mögliche. Zum Beispiel, wieder an Lale zu denken, ohne mich sofort wie ein Dreckskerl zu fühlen. Abends im Bett stelle ich sie mir vor, nicht im Raum vom Matheclub, sondern draußen, wo all das, was passiert ist, keine Rolle spielt, sondern wo die Sonne nun richtig frühlingshaft scheint und man Lust hat, zusammen unterwegs zu sein. Dort treffen wir uns dann und reden miteinander, über irgendwas, nur nicht über Mathe, wir haben uns genug anderes zu sagen, weil wir uns mögen, und lachen tun wir auch jede Menge. Dann schlafe ich ein, und wenn ich aufwache, ist die Vorstellung noch immer für einen kurzen Moment da, bis ich die Augen öffne und ein neuer Tag beginnt.

Normal wird auch, mich regelmäßig mit Kolja zu treffen, Aufgaben rauszuhauen und hinterher zusammen eine Club-Mate zu trinken. Okay, einmal trinken wir auch ein Bier, von dem er das meiste übernimmt und ich immerhin zwei, drei Schlückchen, bevor ich ihm helfe,

Henriette auf WhatsApp um ein Date zu bitten. Aber das ist eine Ausnahme, insofern ist es nicht normal.

Mit Mats und Philipp wird dafür alles dermaßen normal, dass man mit ziemlicher Sicherheit sagen kann, wir sind Freunde. Einmal treffen wir uns bei Mats und kickern und gucken Netflix und ärgern seine nervige kleine Schwester, für nach der Olympiade planen wir was Wochenendmäßiges bei mir, und Philipp erzählt, dass wir auch wieder mit zu ihm kommen dürfen, seine Mutter hätte sich beruhigt.

Mit Papa wird es auch wieder fast so wie immer, vielleicht ist es einfach zu anstrengend, dauernd an die Zeit zu denken, in der er allen wehgetan hat. Vor allem, weil der Papa von jetzt sich ziemlich ins Zeug legt und beim Abendbrot nach meiner Kunst fragt und zu Josefine sagt, wie froh er ist, dass keine Beschwerden mehr aus der Schule reinschneien und sie bei ihrer Auffassungsgabe das Abi mit links schafft. Vielleicht liegt es auch daran, dass Josefine mir von den silbernen Ohrsteckern erzählt, die er ihr zum zehnten Geburtstag geschickt hat und für die sie sich, obwohl sie sich nie bei ihm bedankt hat, ihre ersten Löcher hat stechen lassen (beide in demselben Ohr). Und mich das daran erinnert, dass sich selbst der Papa von damals Mühe gegeben hat.

Apropos Josefine. Das einzige, was noch unnormal daran ist, eine Schwester zu haben, ist die Vorstellung, dass sie bald wieder weg ist. Sogar Mama scheint sich an sie gewöhnt zu haben, jedenfalls schnappt sie sich Josefine ein paar Tage vor ihrer Abreise und fragt, ob sie zusammen shoppen gehen wollen.

»Okayyy«, sagt Josefine etwas zögernd, bleibt aber dabei, und eine halbe Stunde später verschwinden die beiden und ich bin allein zu Hause.

Erst weiß ich nicht, was ich machen soll. Stelle mich nur ans Küchenfenster, vor dem Mamas Auto verschwunden ist, und gucke ein bisschen nach draußen. Aber plötzlich denk ich mir, wenn meine Schwester mit meiner Mutter unterwegs ist, kann ich mich auch mal bei ihrer melden, und weil ich Melanies Nummer nicht hab, piepse ich schnell Josefine an, damit sie uns verknüpft. Das tut sie, und dann frage ich Melanie, wie es ihr geht.

Nett, von dir zu hören!, schreibt sie zurück. *Ich bereite mich auf die Welt dort »draußen« vor, eine Welt, in der ich keine Patientin mehr bin, sondern eine gewöhnliche Frau mit einem gewöhnlichen Leben. Und freue mich natürlich auf meine Tochter. Aber wie geht es dir? Ich hab mich manchmal gefragt, ob ich dir nicht zu viel erzählt habe. Vielleicht hast du hinterher bereut, mir diese Fragen gestellt zu haben?*

Auf dem Bürgersteig vor dem Küchenfenster geht ein Kind vorbei, so klein, dass ich mir beim besten Willen nicht vorstellen kann, jemals selbst so ein Winzling gewesen zu sein, der Häuser aus Lego gebaut hat und zu dem die Leute nur harmlose Beruhigungsworte gesagt haben, statt die Wahrheit auszusprechen. Selbst wenn ich noch vor ein paar Wochen genau dieser Winzling war.

Quatsch!, schreibe ich. *Ich bin froh, dass es raus ist. Alles gut.*

Und ich schreib das nicht einfach nur so. Eigentlich ist wirklich alles gut. Gut heißt ja nicht perfekt, sondern ganz in Ordnung so, wie es ist. Ein bisschen wackelig wie ein Tanz auf einem Seil, das über die *Arena der Erde* führt, und manchmal fällt man beim Drüberbalancieren eben auch hin und schlägt sich die Knie auf. Aber wenn man dann wieder aufsteht, steht man vielleicht mitten auf einem Mohnfeld, und von irgendwo wirft einem jemand einen Traumball zu.

Denke ich und weiß plötzlich, was ich machen kann, sobald Melanie und ich zu Ende getextet haben.

Als Josefine in ihr Zimmer kommt, hat sie eine neue Jeansjacke an, übergroß, auf dem Rücken eine aufgenähte Biene, vermutlich secondhand.

»Na?«, sagt sie und schmeißt ihren Rucksack auf die

Schlafcouch. »Was machste hier unten in meinem Kellerloch? Willste neuerdings stark werden?«

»Ich brauch deine Hilfe«, seufze ich, lege Mamas Damenhanteln beiseite, mit denen ich mir die Zeit vertrieben hab, gucke zu, wie sie Klamotte um Klamotte aus dem Rucksack kramt: T-Shirts, einen Pulli, ein Paar gestrickte Pulswärmer, ein Halstuch.

»Wobei?«

»Ich schreib ein Gedicht.«

Meine Schwester blickt von dem Klamottendurcheinander auf. »Wow!«

»Nix wow!« Ich seufze wieder. »Es wird total bescheuert.«

»Glaub ich nicht. Du kannst das, richtig gut sogar.«

»Woher willst du das denn wissen?«, frage ich gereizt. Immerhin hab ich eine geschlagene Stunde lang über meinem Block gesessen, bevor ich beschlossen hab, auf Josefine zu warten, und alles, was ich zustande gebracht hab, hat sich total beknackt angehört.

Sie zuckt ungerührt die Achseln.

»Du stemmst Gewichte
und schreibst Gedichte«, antwortet sie.

Ich starre sie an.

»und das echt
nicht schlecht,

Frau Specht!«, fährt sie fort, hält sich eins der T-Shirts vor die Brust, gelb mit einem bunten Fisch drauf, und guckt sich damit im Spiegel an.

»Woher kennst du das?«

»Altpapier!«, flötet Josefine, schnappt sich ein anderes T-Shirt (schwarz, Muster aus weißen Quadraten) und dreht sich damit zu mir um. »Meinst du, von dem hier sollte ich die Ärmel abschneiden?«

»Äh, was?«, frage ich. Und: »Wieso aus dem Altpapier?«, obwohl mir die Zusammenhänge anfangen zu dämmern: Schnipsel in meinem Papierkorb ... Papierkorbleerung in unseren Altpapierkarton ... Kartonleerung in den blauen Container.

Josefine geht auch nicht weiter auf meine Frage ein.

»Sehr viel kruder«, verkündet sie stattdessen,

»macht's dein ...

ach nee, das hattest du gestrichen, oder?«

Ich seufze zum dritten Mal. »Passt schon«, sage ich. »Hilfst du mir jetzt? Es ist mir wichtig.«

Josefine macht ein strenges Gesicht. »Ein Gedicht ist immer von einem selbst. Hörst du, Brüderchen? Immer, ganz besonders, wenn es einem wichtig ist. Du kannst es aber hier unten bei mir schreiben, wenn dir das hilft. Ich schnippel solange ein bisschen rum.«

»Du solltest die Ärmel dran lassen«, gebe ich zurück.

»Schöne symmetrische Quadrate zu ausgefransten Armlöchern. Also echt!« Ich schnappe mir meinen Block aus der Hantelecke und lasse mich damit neben den Klamottenhaufen auf Josefines Schlafcouch fallen.

Und wieder geht der Seiltanz weiter, Tag für Tag, einmal telefoniere ich mit Zerhusen, weil Kolja und ich bei einer Aufgabe zum Pyramidenvolumen hängen geblieben sind, aber er muss eigentlich nur drei Worte sagen, ehe ich von selbst auf den Lösungsweg komme, und hinterher meint er, dass ich echt gut drauf bin und die Landesrunde vielleicht kein Spaziergang, aber sicher eine sehr angenehme Wanderung für mich wird.

Ein andermal schlägt Papa mir vor, ihn zur Tennishalle zu begleiten, und wir spielen ein bisschen (er richtig, ich irgendwie) und trinken hinterher eine Cola, und er sagt mir, wie froh er ist, dass er mich hat und dass wir in dieser Familie zwei Männer sind, sonst hätte er gegen die zwei Frauen überhaupt keine Chance.

»Drei Frauen«, korrigiere ich, denn ein bisschen kriege ich immer noch Kopfjucken, wenn Erwachsene so furchtbar unpräzise sind.

»Richtig ... drei«, sagt Papa zerknirscht. »Umso wichtiger, dass wir beide zusammenhalten.«

Ich verspreche ihm, dass wir das tun.

Und an einem Abend setzt Mama sich zu mir ans Bett und fragt, ob es mir gut geht und ob es sich richtig anfühlt, dass ich mich nun doch für die Landesrunde entschieden habe. Sie fragt auch, ob ich viel über das Mädchen nachdenken muss, von dem Josefine gesprochen hat, und ob es sich dabei um das Matheass von der IGS handelt, und ich antworte »Ja, ja, das geht dich nichts an, aber: Ja«, und Mama lacht.

»Klingt ziemlich gut«, sagt sie, und auf einmal hab ich Sehnsucht danach, dass sie mich in die Arme nimmt. Also umarme ich sie einfach selbst, und Mama drückt mich fest an sich und wiegt mich hin und her, und es fühlt sich wieder ein bisschen so an wie früher, als ich noch der Lego-Winzling war, aber ein bisschen auch, als wäre ich schon erwachsen, und sie sagt: »Mein Gott, Malte, bist du groß geworden.«

Aber all diese Tage, an denen mal dieses passiert und mal jenes, laufen im Grunde auf zwei Ereignisse zu, die wie zwei dicht beieinanderliegende Punkte auf einer Geraden liegen. Beim einen geht es um einen Abschied, beim anderen um ein Wiedersehen, und ich weiß nicht, vor welchem von beiden ich mehr Angst hab.

20

Am Nachmittag vor ihrer Abreise verschwindet Josefine, ohne zu sagen, wohin, und als ich ihr kurz vor dem Abendbrot die Tür aufmache, hat sie ein neues Piercing zwischen Kinn und Unterlippe, die Haut drumherum feuerrot und ihre Augen fast so leuchtend wie zwei kleine LEDs.

»Musste das sein?« Papa lässt um ein Haar das volle Tablett fallen, das er gerade von der Küche zum Wohnzimmer balanciert.

»Es musste«, sagt Josefine und hängt ihre Jeansjacke an den Haken. »Gefällt's dir nicht, Christian?«

Im Wohnzimmer klappert es. »Na ja«, ruft Papa. »Ich hatte eigentlich den Eindruck, du hättest schon genug von der Sorte.«

»Gut, dass ich nicht dich, sondern Melanie um den Elternzettel gebeten hab!«, gibt Josefine ungerührt zurück.

Im selben Augenblick taucht Mama mit der Teekanne im Flur auf, betrachtet meine Schwester und seufzt. »Du hast so ein hübsches Gesicht«, sagt sie. »Warum machst du das?«

»Weil es mir nicht darum geht, hübsch auszusehen, Anja.« Josefine folgt ihr ins Wohnzimmer, und ich mache, dass ich hinterherkomme.

»Sondern?«, fragt Papa und setzt sich an den Tisch. »Willst du irgendwie gefährlich aussehen?«

»Nee.« Sie lässt sich auf den Stuhl gegenüber plumpsen und betastet vorsichtig ihr Piercing, drückt dann von innen mit der Zunge dagegen. »Es geht mir darum, mich zu erinnern.«

Einen Moment ist es still. Dann setzen sich auch Mama und ich, und Papa will wissen, wie sie das meint.

Josefine langt über den Tisch und angelt sich eine Tomate. »Na, erinnern halt. An Menschen. Oder Ereignisse. Je nachdem.«

In meinem Kopf arbeitet es. Neuerdings folgt aus A ja manchmal wieder B.

»Und an wen erinnert dich das Ding da?«, fragt Papa.

»Ganz schön neugierig.« Sie beißt in die Tomate, schlürft, kaut, schluckt. »Dieses *Ding* erinnert mich an meinen Bruder hier.«

Durch meinen schlussfolgernden Kopf zuckt ein Blitz. Ich gucke auf und sie grinst mich an.

»Glaub mir, Malte, ich hab den Piercer darauf angesetzt,

es auch ja ordentlich in der Mitte zu stechen«, sagt sie. »Von wegen Symmetrie und so.«

»Danke«, murmle ich und aus irgendeinem Grund müssen die anderen alle lachen.

»Ich denke ja, es gibt andere Erinnerungsmethoden«, sagt Papa, »aber bitte, ganz wie du willst. Reichst du mir mal den Brotkorb, Malte?«

Diesmal bin ich es, der lachen muss. »Tja, Papa«, sage ich und nehme mir selbst eine Scheibe Brot, bevor ich den Korb an ihn weiterreiche. »An Josefines Erinnerungsmethode bist du selbst schuld.«

»Sie meinen, Herr Ripken?«, fragt mich Mama.

Aber erklären tue ich ihr nichts. Und auch nicht Papa. Nicht mein Problem, wenn Erwachsene nicht mal begreifen, dass das Erinnern an eine Person, die einem wichtig ist, schon mit zwei kleinen silbernen Ohrsteckern losgehen kann.

Dann kommt der nächste Morgen, ein Freitag, und Josefine muss wegen ihrer Abreise nicht mehr zur Schule. Ich aber schon.

»Ist doch bescheuert«, sage ich zu Papa, der gerade vom Carport zurückkommt, nachdem er Josefines Trolley im Kofferraum verstaut hat. »Kann ich sie nicht mit nach Hause bringen?«

»Schon mal was von Schulpflicht gehört?«, entgegnet Papa mit einem Seitenblick auf Josefine, die noch damit beschäftigt ist, sämtliche Schuhe aus dem Wandschrank zu suchen und in Jutebeutel zu stopfen.

»Du kannst mich ja krankmelden«, schlage ich vor. »Später Angina-Rückfall oder so«, aber er schüttelt den Kopf.

»Du willst am Montag zur Landesrunde fahren, richtig? Meinst du nicht, da würde es etwas komisch wirken, wenn du heute plötzlich schwer krank geworden wärst?«

»Doch«, murmle ich, und auf einen Schlag wird mir klar, dass es das nun wirklich war. Ich hab eine Schwester bekommen, aber nur für ein paar Wochen, sie hat eine andere Mutter, ihr Leben gehört woandershin.

»Ja, dann ...« Ich setze meinen Schulrucksack auf.

»Am Spätnachmittag bin ich wieder zu Hause«, sagt Papa.

»Jaja.«

»Soll ich dich zur Schule fahren?«, fragt Mama hinter meinem Rücken.

»Quatsch!«

Die einzige, die nichts sagt, ist Josefine. Sie lässt nur ihre Schuhe liegen, lässt irgendwas in ihrer übergroßen Bienenjacke verschwinden, schiebt mich aus der Haustür und noch ein ganzes Stück weiter den Bürgersteig entlang, bis wir aus Mamas und Papas Sichtfeld verschwunden sind.

»So, Kleiner!«, verkündet sie dann. »Dreh dich mal um.«

Gehorsam drehe ich mich von ihr weg und spüre, wie sie an meinem Rucksack rumfummelt: Reißverschluss auf, kramen, Reißverschluss wieder zu.

»Kannst.«

Ich drehe mich zurück, gucke sie an.

»Ab geht's!«

»Okay«, sage ich.

Danach geht es ganz schnell. Umarmen, Tschüss sagen, losgehen, sie wieder Richtung Haus, ich Richtung Bushaltestelle. Nach ein paar Schritten höre ich, wie sie anfängt zu singen. Wenn ich mich nicht irre, klingt ihre Stimme ein klein wenig zittrig dabei. Aber ganz genau kann ich das nicht hören, vor allem, als ich selbst anfange, irgendwas vor mich hinzusingen.

Erst in Deutsch werde ich fündig. Es ist die letzte Doppelstunde vor der Klassenarbeit, die Ullrich gibt uns kein neues Gedicht mehr, sondern wiederholt mit uns, wie wir bei der Analyse vorgehen sollen, und stopft alles, was dabei rauskommt, in eine chaotische Übersicht auf dem Whiteboard: Verse, Strophen, Metrum. Und dann natürlich die *Bilder* und was ein Gedicht noch so zu einem Gedicht macht, selbst wenn es sich nicht reimt.

»Metapher«, sagt die Ullrich und schnappt sich den Whiteboard-Marker. »Vergleich. Personifikation. Anapher. Wer das noch nicht wie am Schnürchen draufhat, schreibt es sich besser noch mal auf!«

Keiner scheint es wie am Schnürchen draufzuhaben, abgesehen von unserem guten Rafael wahrscheinlich, doch selbst der packt gehorsam sein Schreibzeug aus, um die unübersichtliche Übersicht abzupinseln. Allgemeines Geraschel, und als ich mein eigenes Heft aufblättere, finde ich darin den Zettel. Er ist mit Tesafilm zusammengeklebt, wo er vorher zerrissen war, und an den Rissstellen sind die Buchstaben etwas schief, aber man kann das Gedicht von vorne bis hinten lesen:

Du stemmst Gewichte
und schreibst Gedichte
und das echt
nicht schlecht,
Frau Specht!
~~*Sehr viel kruder*~~
~~*macht's dein*~~
Doch, siehst du, ich
kann's leider nich'.

Es hat jetzt sogar eine zweite Strophe, nur eine kurze, aber als ich sie lese, schießen mir beinahe die Tränen in die Augen, weil Josefine sie geschrieben hat, vermutlich in einer Nacht, in der sie nur fünf Stunden geschlafen hat. Josefine, die nicht mehr da ist.

Oh doch, mein Kleiner,
und sei bloß keiner
der mangels Mumm
bleibt lieber stumm!
(Das rät dir in bester
Erfahrung die Schwester.)

»Na, Malte, wo bist du mit deinen Gedanken?«, fragt da direkt hinter mir die Ullrich, und Mats neben mir fährt herum.

Schnell schlage ich mein Heft zu, blinzle die drohenden Tränen weg, drehe mich auch zu ihr um. »Ich hab nur was gelesen.«

»Ich hoffe doch, es handelt sich um ein Gedicht und nicht um mathematische Fragestellungen?«, erkundigt sich die Ullrich.

»Äh, ja«, sage ich. »Tut es.«

Mats guckt mich überrascht an. In der nächsten Sekunde fängt er an zu grinsen.

»Dann ist es ja gut.« Auch die Ullrich lächelt. »Allerdings ist jetzt die Zeit für ein bisschen Theorie gekommen, das müsste doch eigentlich in deinem Sinne sein, Malte, oder?«

»Mhm«, mache ich, schlage mein Heft wieder auf, aber weiter hinten, und fange an zu schreiben.

»Du und Gedichte!«, kichert neben mir Mats. »Warum erzählst du ihr nicht gleich, du würdest die Bibel studieren?«

»Weil ich wirklich eins gelesen hab«, gebe ich zurück. »Also ein Gedicht. Nicht die Bibel.«

»Erzähl keinen Scheiß!«

»Erzähl ich nicht.«

»Jetzt musst du bloß noch behaupten, du schreibst selbst Gedichte.«

»Mach ich aber zufälligerweise. Manchmal jedenfalls.«

Mats kichert und kichert, und da muss ich auch lachen, und die Ullrich steht leicht verzweifelt vor dem Whiteboard und ruft: »Meine Herren!«, und ich denke, die Heulerei kann ich mir auch sparen, ich sehe sie ja früher oder später wieder, also Josefine, schließlich sind wir Geschwister, und davon abhalten lassen wir uns von nichts und niemandem mehr.

21

Am Wochenende kann ich an nichts anderes denken als an Lale und wie es wohl sein wird, sie wiederzusehen. Es ist ja so schon eine Sache, ein Mädchen zu treffen, das man mag. Gegen dasselbe Mädchen bei einem Wettbewerb anzutreten, ist aber noch mal eine andere Nummer. Vor allem, wenn das die erste Begegnung nach einem fiesen Streit sein wird und man sich natürlich ganz genau überlegen muss, wie man sich da gegenübertritt. Den halben Sonntag verbringe ich damit, mir vorzustellen, was ich sagen und wie ich mich verhalten werde, und so gut es mit Mathe in letzter Zeit wieder lief, so wenig kann ich mich an diesem Tag darauf konzentrieren.

Möchtest du, dass ich noch mal vorbeischaue?, schreibt Kolja mich gegen Mittag an, aber ich weiß sofort, dass das keinen Zweck hat.

Danke, aber heute tu ich nix mehr!, schreibe ich zurück. *Höchstens ein bisschen Fahrrad fahren.*

Brauchst du Gesellschaft?, fragt er weiter. *Zur Ablenkung?*

Ich warte kurz mit meiner Antwort, obwohl ich genau weiß, dass ich lieber meine Ruhe haben will. *Heute nicht, aber gerne bald wieder. Vielleicht triffst du dich stattdessen mit Henriette?* ☺

Bleibt mir wohl nichts anderes übrig☺, schreibt Kolja. *Hau rein, morgen! Und meld dich, wenn's vorbei ist.*

Ich schicke ihm einen Smiley und stecke das Telefon weg. Dann schnappe ich mir wirklich den Fahrradhelm. Die vielen Gedanken loswerden. Und dieses Gekribbel.

Als ich wieder nach Hause komme, kocht Mama Kakao, und wir setzen uns zu dritt ins Wohnzimmer.

»Ungewöhnlich still hier«, sagt Papa und reißt eine Packung Kekse auf.

»Das kann man wohl sagen.« Mama rührt in ihrer Tasse. »Man fängt glatt an, das Mädchen zu vermissen.«

»Du kannst sie ja mal wieder einladen«, schlage ich vor.

»Hab ich schon getan«, sagt Mama. »Ich hab ihr angeboten, mit uns in den Sommerurlaub zu fahren.«

Papa und ich blicken auf.

»Ich hoffe, es war euch recht?«

»Anja!«, sagt Papa und auf sein Gesicht legt sich ein freudiger Schimmer.

»Und was ist mit Melanie?«, erkundige ich mich. »Die gehört doch auch irgendwie dazu.«

Mama atmet ein und wieder aus. »Ich weiß. Mal sehen.«

Mehr sagt sie nicht und ich frage nicht weiter. Besser kann es für diesen Augenblick ohnehin nicht mehr werden. Das darf man nicht kaputtmachen.

Abends, als ich noch mal kontrolliere, ob ich auch wirklich alles Wichtige in meinen Rucksack gepackt hab, Grafikrechner, Geodreieck, meine wichtigsten Aufzeichnungen, das Mathelexikon (zur Sicherheit), kommt Papa in mein Zimmer. »Morgen also?«, fragt er.

»Ja.«

»Bist du in Form fürs olympische Boot?«

»Glaub schon.«

Er setzt sich auf meine Bettkante. »Tut mir leid, dass du dich unter solchen Umständen vorbereiten musstest.«

»Ist schon okay.«

Er schweigt und sieht mir beim Kramen zu. »Von mir hast du das übrigens nicht«, sagt er irgendwann. »Du weißt, dass ich mich in Mathe immer durchgemogelt hab?«

»Nicht nur in Mathe«, gebe ich zurück.

Papa lacht. »Nein, nicht nur da. Mogeln kann ich auch sonst ganz gut.«

Dann ist es Montag, Mama fährt mich zum Bahnhof und bringt mich noch in die Halle, wo Zerhusen an unserem Treffpunkt vor der Buchhandlung wartet. Auch Lale ist schon da, die schwarzen Haare zu einem Pferdeschwanz gebunden und vielleicht noch ein bisschen schöner, als ich sie in Erinnerung hatte, jedenfalls sackt mein Herz, als ich sie entdecke, für einen Moment vor lauter *Wow!* in Richtung Bauchnabel runter und fängt dann wie verrückt an zu pochen. Sie sagt Hallo und ich sag dasselbe, was sollen wir uns auch sonst sagen, solange die Erwachsenen neben uns stehen und zuhören.

Mama macht auch keine Anstalten zu gehen, und obwohl sie sich peinliche Sätze wie »Du bist also das Matheass von der IGS!« verkneift, stellt sie Zerhusen lauter überflüssige Fragen, zum Wettbewerbsablauf und zur Rückfahrt heute Abend, alles eben, was längst bekannt ist, und schielt dabei neugierig zu Lale.

Lale schielt zurück und irgendwann richtet Mama ihre Fragen einfach an sie. Lale antwortet geduldig und erzählt, dass ihre eigene Mutter um diese Zeit schon längst bei der Arbeit ist, was Mama gleich zum Anlass nimmt, um ihr zu sagen, dass sie ja wirklich ein selbstständiges Mädchen ist.

Ich trete von einem Fuß auf den anderen.

»Wirst du denn heute Abend abgeholt?«, fragt Mama weiter, und als Lale sagt, vielleicht, ihr Vater würde ihr noch Bescheid geben, bietet sie ihr an, sie ansonsten mit dem Auto nach Hause zu bringen.

Doch zu guter Letzt schiebt Zerhusen seinen Jackenärmel hoch und guckt auf seine Armbanduhr. Mama sagt, dass sie uns nicht aufhalten will, wünscht uns ein dreifaches *Toi, toi, toi* und streckt, bevor sie sich umdreht, je einen gedrückten Daumen in Lales und meine Richtung.

»Gleis sieben«, sagt Zerhusen und endlich sind wir auf dem Weg zum Zug.

Aber erst, nachdem wir in den Regionalexpress gestiegen sind und einen Zweiersitz ergattert haben, von dem Zerhusen sich dankenswerterweise mehrere Reihen entfernt, kommen Lale und ich dazu, unsererseits einen Satz miteinander zu wechseln.

»Wie geht's dir?«, fragt Lale.

»Ganz gut und dir?«

»Aufgeregt.« Sie sieht mich von der Seite an, und als unsere Blicke sich für einen Moment treffen, blitzt beim Lächeln ihre Zahnspange auf.

»Ich auch«, gebe ich mit schon wieder pochendem Herzen zu. Und füge hinzu: »Jetzt machen wir also doch wieder Mathe zusammen.«

»Kann nach dem letzten Mal ja nur besser werden«, sagt Lale und verdreht die Augen.

Am Fenster hinter ihrem Kopf zieht der Bahnsteig vorbei, dann Häuser, Hinterhöfe, ein Fitnessstudio.

»Mir tut das wirklich leid. Du warst einfach besser, und da ist mir …«

»Weiß ich doch«, unterbricht sie mich und berührt für eine Sekunde meinen rechten Arm.

Stromschlag.

Herzklopfen.

Schweigen und dann Luftholen, um verdammt noch mal keiner zu sein, der mangels Mumm lieber stumm bleibt.

»Weißt du noch das mit der Lieblingszahl?«, frage ich.

»Klar«, sagt sie. »Du hattest die Acht.«

»Und du die Elf.« Ich pfriemle an meinem Rucksack, ziehe meine Sammelmappe raus.

»Sag bloß, du hast all deine Unterlagen mitgeschleppt?!«, fragt Lale ungläubig.

»Nein. Ja. Ein paar.« Ich lasse das Gummi aufschnappen und hole einen Stapel Zettel raus.

»Du glaubst doch wohl nicht, dass ich Lust hab, jetzt noch irgendwas zu wiederholen!«, sagt Lale. »Lass uns lieber ein bisschen quatschen. Ist deine Schwester jetzt wieder weg? Die fand ich nett, neulich auf WhatsApp.«

»Die ist auch nett«, sage ich, blättere weiter in meinen Zetteln rum, scanne jeden einzelnen, klemme den richtigen zwischen zwei Finger. »Woher weißt du überhaupt, dass sie nicht immer bei uns wohnt?«

»Kolja hat es mir erzählt«, redet Lale weiter. »Letzten Montag. Ich hatte nach dir gefragt, und da meinte er, dass Josefine Ende der Woche zu ihrer Mutter abreist und das bestimmt schade für dich ist. Aber auch, dass du mit ihm übst und mathetechnisch wieder voll auf Zack bist.«

Ich blicke auf. Hinter ihrem Kopf rauscht nun die Vorstadt vorbei, erste Felder tauchen auf, Sekunde um Sekunde tickt die Zeit voran und bringt uns ein Stück näher: an etwas oder nichts oder vielleicht auch ganz viel.

»Mir ist egal, wer von uns beiden heute besser ist und zu *Jugend trainiert Mathematik* darf«, sage ich.

Wieder die Brackets. »Mir auch. War's übrigens die ganze Zeit schon. Wenn's bei mir nicht klappt, spiel ich einfach wieder mehr Volleyball. Aber vielleicht dürfen wir ja auch beide hin, das wär natürlich cool.«

Mein Herz überschlägt sich fast. Wir beide. So etwas könnte natürlich passieren, zumindest wenn wir gleich gut abschneiden. Und mir fällt darauf auch bloß eine einzige Erwiderung ein.

»Hier!« Ich ziehe den Zettel aus dem Stapel.

»Was ist das?«, fragt Lale. Dann sagt sie nichts mehr. Aber während sie liest, wandert ihre Hand wieder ganz langsam zurück auf meinen rechten Arm.

Schön wie die Acht

Mancher würd sagen: Schön wie die Nacht,
doch ich find, du bist schön wie die Acht.
Die Acht und du
lassen mir keine Ruh,
weil ihr euch beide ähnlich seid
und in euch tragt Unendlichkeit.

Doch wenn du lieber Elfer magst,
wie du es mir auf WhatsApp sagst,
drehe die eine
Ziffer in meine
Richtung, denn dann
reichen fortan

Eine und Einer sich ihre Hände,
was ich wirklich klasse fände,
und würden zum M –
bämm!

© Bert Strebe

Nikola Huppertz

Nikola Huppertz, geboren 1976 in Mönchengladbach, studierte nach dem Abitur Musik und Psychologie und experimentierte nebenbei mit dem Schreiben. Nach den Geburten ihrer beiden Kinder wandte sie sich intensiv der literarischen Arbeit zu. Seitdem hat sie zahlreiche Kinder- und Jugendbücher, Gedichte und Kurzprosa in Literaturzeitschriften sowie Geschichten für den Rundfunk veröffentlicht.